传记文学 书系

唐德刚 ◎ 著

书缘与人缘

传记文学 书系 编委会

主编
彭明哲 曾德明

编委
赖某深 龚昊 蒋浩
彭天仪 于向勇 秦青

中国文史出版社

目录

contents

论三位一体的张学良将军
　　——序傅虹霖女士著《张学良的政治生涯》　...001

张学良将军的赤子之心　...011

民国史"每两月一章"（书简）　...015

广陵散从此绝矣（选载）——敬悼顾维钧先生　...017

六一事变五十周年
　　——兼谈刘廷芳"说服蒋介石先生的一段内幕"　...024

代刘廷芳先生说几句话（书简）　...032

关于朱经农与刘廷芳两函　...033

钱昌照与刘廷芳——"口述历史"侧记　...036

泰山颓矣——敬悼岳丈吴开先先生　...040

《沪上往事细说从头》迟来的导论
　　——珊瑚坝迎候吴开先感赋诗史释　...045

为刘绍唐先生创办《传记文学》二十年而作　...058

最大的阿Q，最凶的阎王！——试论《传记文学》的责任
　　——《传记文学》创刊廿周年纪念学术讨论会讲题之七　...068

杨振宁·《传记文学》·瓦砾坝

　　——贺《传记文学》创刊廿五周年　...074

两千年传统私修·一百年现代企业

　　——庆祝《传记文学》出版三十周年献言　...083

又是一部才女书——读何庆华著《红星下的故国》　...094

父子之间——殷志鹏博士编著《三地书》序 ...107

王莹是怎样"回国"的　...118

白马社的旧诗词——重读黄克荪译《鲁拜集》　...126

纽约东方画廊观画记感——十大画家，永不再有　...132

读三老《感逝》诗　...139

我的气功经验说——从一泓止水到手舞足蹈　...140

"公子哥"和"老板娘"（书简）　...146

"我犯罪了！并无解说。"（书简）

　　——向谢扶公与苏阿姨致意　...148

文学与口述历史（讲稿）　...152

也是口述历史——长篇小说《战争与爱情》代序　...164

小说和历史

　　——一九八八年六月七日在台北耕莘文教院讲稿　...167

《陈洁如回忆录》是口述原始史料　...182

论三位一体的张学良将军
——序傅虹霖女士著《张学良的政治生涯》

在五光十色的中国近代史中，在百余年当国者的公私生活和政治成败的纪录上，最多彩多姿的领袖人物，少帅张学良将军，应该是独占鳌头了。他那带有浓厚传奇性和高度戏剧化的一生，在民国史上老中青三代的领袖中，真没有第二人可与其相比。尤其是他政治生涯中最后一记杀手锏的"西安事变"，简直扭转了中国历史，也改写了世界历史。只此一项，已足千古，其他各项就不必多提了。

前不久我曾看过一部叫做《少帅传奇》的电影。那显然是由于各种客观条件的限制，使这部电影里的传奇故事比起少帅传记里的真实故事来，恐怕还要逊色呢。少帅实际生活的传奇性，似乎要比传奇电影里的传奇更富于传奇性！

张学良本来就出生于一个富于传奇性和戏剧化的家庭里。他父亲"老帅"张作霖便已很够传奇了。他由一个比小说书上"梁山英雄"更富戏剧性的真实的草莽英雄，在清代由落草剪径，到抗俄抗日，招安立功，升官发财，而出掌方面。他所掌的"方面"竟比西欧英、法、德、奥诸列强的联合版图还要大得很多。

既有方面之权，作霖乃起而逐鹿中原，终成短期的中华之主，当上了北京政府的"大元帅"——当时中国正统的国家元首。学良便是这样一位不平凡的草莽英雄的儿子。他也是在草莽中诞生的，嗣后跟随其父，水涨船高，竟然做了军阀时代的中国"末代皇帝"的太子。

张大元帅由于秉性忠烈，不可能做汉奸，因此不为日本帝国主义者所容，终于在兵败之后，为日人所暗算而以身殉国。这一段简略的老帅传记，本身便已是够戏剧化了。那时曾有意侍候老帅、终于变成少帅顾问的顾维钧博士就曾经告诉我一个真实而富有戏剧性的故事：作霖于一九二七年六月十八日就职中华民国军政府陆海军大元帅时，曾举行一次历代帝王和历届民国总统都循例举行的祭天大典。当张氏正在天坛之中捧爵而祭，并喃喃祝祷之时，孰知一不小心竟把这金爵摔落地上，爵扁酒流，使大元帅惊慌失措，与祭者也都认为是不祥之兆。

其后不久，那批在北京以专才身份待业待诏的博士帮，包括顾氏自己，可能还有王宠惠、颜惠庆、施肇基等一群，日长无事，结伴行街。他们曾戏以张大元帅的生辰冒为一无名老人的八字，请当时知名北京的一位相士代为算命。这相士把八字一排说："这个命贵则贵矣，只是现在他已是黎明前的'电灯胆'，马上就要熄灭了。""电灯胆"便是北京土话中的电灯泡。在那电力不足的北京，黎明前的电灯胆是特别明亮的。果然，不久张氏这个明亮的"电灯胆"便在皇姑屯熄灭了。

这一故事是顾氏在海牙做国际法庭法官返纽约向我口述其《顾维钧回忆录》时亲口告诉我的。这位国际法庭大法官，那时没有向我捏造这一故事的必要。我之所以提出这些小故事，也只是帮助说明张作霖、张学良父子的一生是多么富于传奇性罢了。

张学良自己在其所撰写的所谓《忏悔录》中，也曾说明他昔日从政的缺失是在识蒋之前一辈子未做过"任何人部下，未有过任何长官"。他只跟他的"先大元帅"做了多少年的少帅，而这少帅却是从一个公子哥开始的。

张学良可能是中华民国史上最有名的公子哥了。但是，治民国史者也不能否认他是一位统兵治政的干才。把个花花公子和政治家、军事家分开来做，则民国史上实是车载斗量，没啥稀奇；可是把这三种不同的身份拼在一起，搞得三位一体，如鱼得水，则学良之外，也就真的别无分店了。少帅张学良之所以成为历史性的传奇人物，其难就难在这个三位一体了。

汉卿、汉卿，我国近百年来的凤子龙孙、达官显贵子弟，生活放荡的，也是成队成群了。若论吃喝玩乐的纪录，真正有钱有势有貌有才的邓通、潘岳也不难做到，而难的却是大厦既倾、树倒猢狲散之后，仍有红颜知己舍命相从，坐通牢底，生死不渝——这一点纵是《红楼梦》里情魔情圣的贾二公子也无此福分，而汉卿你却一生受之，岂不难能可贵？我们写历史的、看小说的阅人多矣，书本上有几个真假情郎比得上你？

一荻、一荻，你这个"赵四"之名也将永垂千古。在人类可贵的性灵生活史上长留典范，为后世痴男情女馨香景慕。睹一荻之痴情，羡汉卿之艳福，读史者便知，若汉卿只是个酒色之徒而非性情中人，他哪能有这个美丽的下场。公子哥不难做，但是古今中外的公子哥，有几个不落个丑恶的、难堪的结局？漫说是像张学良这样的大人物了，读者闭目试思，在你所亲见亲闻的酒色之徒中，有几个不凄然而逝？红颜知己、学生战友云乎哉？

赵一荻，我们历史学家也替你喝彩！

至于张学良将军是个军事天才，我们读史者亦不能反证其非。

学良才二十出头，便指挥数万大军，南征西讨。年方二十六便官拜北京政府的"良威上将军"，与吴佩孚等老帅同列——正如他自己所说的，未足而立之年，"即负方面，独握大权"。

当然，学良的大官大位是与他有个好爸爸分不开的。但是，我们细阅本书便知他那个好爸爸也幸好有这么个好儿子。学良是他的"先大元帅"麾下不可或缺的助手、智囊和副指挥。他们的父子档，正如京戏舞台上所创造的"杨家将"。没有这个儿子，则张老令公的光彩也就要逊色多了；没有这个儿子，老令公于"碰碑"之后，余众也就统率无人了。

少帅的崛起，确是由于传统的宗法关系而扶摇直上的；但是专靠这点血缘关系便"负方面，独握大权"，雄踞一方，足为西欧各国之共主，也是做不到的。关于这一点，公正的历史家，尤其是本书的作者，自有清楚的交代，读者可细玩之。

张学良最难能可贵的，是他在情场、战场之外，也有其政治家的节操与风范，和青年爱国者的热血。他在二十来岁的青年期所具有的现代化的政治观念，已非老帅所能及。年未而立，"即负方面，独握大权"之时，竟能在日俄两大帝国主义环伺之中、守旧派元老将领压力之下，义无反顾，归顺南京，幡然"易帜"。

须知学良于一九二八年底的易帜，与中国内战史上的"势穷来归"或"变节起义"是截然不同的，在三千年的国史上也鲜有先例。东北当局当年处于日俄夹攻之中，据说南京策士曾有"以外交制奉张"的建议。其实反过来说，"奉张"又何尝不可"挟寇自重"呢？在中国边患史中，安禄山、石敬瑭、张邦昌、吴三桂和后来的盛世才，不都是好例子吗？学良何尝不可依违其间、待机而动呢？但是学良不此之图，偏要易帜归顺，促成国家统一，最后招致日俄二寇南北夹攻，终使他独力难以为继。再者，张少帅亦未尝不可效当年李鸿章以夷制夷之故技，联俄以抗日，亦联日以抗俄，于二寇均势中自图生存。而学良亦舍此老例不顾，却（如他自己所说的）"不自量力，拟收回北满权利"，挥师"抗俄"，做了个希特勒式冒险之前例，对南北二寇两面开弓。结果力有不敌，终于弃甲曳兵而走。或问学良当年何以见不及此？答曰无他，一股青年热血沸腾而已。那时少帅还不过二十九岁，满腔热血，他如何能向那老谋深算炉火纯青的老官僚李鸿章看齐呢？

关于这一点，我们读历史的，月旦人物，就要看当事人的动机而作其"诛心之论"了。学良当年既拒日又抗俄的干法，实在是一位少年气盛、忠肝义胆的民族英雄之所为，与当时那些私心自用、假抗敌之名行投机之实的军阀、官僚、文人，实无法相比。古人说，忠臣必出于孝子之门。此盖人之异于禽兽者。便是不同的禽兽，也各有其独特的物性，如虎狼之残暴、乌鸦之反哺、鸳鸯之爱情等等。这种不同的灵性，人类却兼而有之，只是人类各个体偏向发展各有其不同程度罢了。世人之中君子小人之辨、爱情色欲之别、贪婪廉洁之分……也就在此。吴三桂说，"父不能为忠臣，儿安能为孝子？"事实上一个人在天赋性灵上，不能做情种，又安能做烈士——于此我们也可以看出张学良青少年时期的那股血性。明乎此，则我们对赵四为爱情而生殉的感人故事，便也觉得没什么费解了。

显然，张学良青年期的血性和他不愿做帝国主义傀儡的骨气，也是引起"九一八事变"的基因之一。今日史家已完全证实，"九一八事变"是当年日本朝野蓄谋已久的行动。老实说，那也是北伐以后，蒋、李、冯、阎三年内战的必然后果。事变既发，张学良之抵抗与不抵抗，是不会改变事变之结果的；而况他的"不抵抗"原是奉命行事。背了这"不抵抗"三字的黑锅，在当时真是"国人皆曰可杀"。而张氏为此三字之冤不辩一词，并从而戒烟去毒，浪子回头，洗心革面，知耻近乎勇，却是很难能可贵的。

最后，我们就要谈到那震惊中外的西安事变了。西安事变这件历史事实，今后恐怕要被史家争辩一千年而终无定论。但是，事变中的若干史实也是无人能够否认的。

第一，事变之发动是激于张学良对国难家仇的义愤。他反对内战，主张枪口向外，是绝少、甚至完全没有考虑到私人利害的。在学良看来，北伐之后，他为谋求国家统一，不惜自弃历史，毅然易帜，归顺中枢。如今外患急于燃眉，蒋公必欲置中共全军于死地，不灭不休，毋乃太过。学良口劝不动，乃贸然实行兵谏，希望蒋公不为已甚，张氏这种心理基础，盖亦为史家所不容否认者。

第二，西安事变之发生，建议为杨，主动为张。迨至骑虎难下之时，学良问计无人，致使精明而识大体的周恩来变成"谋主"。这点也是不争之论。

不过话说回来，西安事变之受惠者，也不全是中国共产党；中国国民党乃至蒋公本人也未尝不无实惠。盖西安无变，则蒋氏之剿共战争，以蒋之个性，势必坚持到底，然证诸世界各国近代史之各种实例，这一剿共战争，将伊于胡"底"，实无人可以臆测。"野火烧不尽，春风吹又生。"古人说，"扬汤止沸，莫如去薪。"共产党有群众、有理论，不谋釜底抽薪，专求扬汤止沸，是消灭不了的。而专靠枪杆来剿共，就是扬汤止沸。何况外患紧迫，大敌当前，有谁能保证一把野火就可把共产党烧得死灰不燃？所以西安事变未始不是国共之争的光荣收场。

再者，西安事变之圆满解决，对当时南京政府也提供了"全国统一，一致对外"的抗日战争的必要条件，因而提早了全面抗战。根据当时国民党"攘外必先安内"的既定政策，没有西安事变，则国府对日还得继续"忍辱"，而忍辱又伊于胡"底"呢？以当年日本侵华的气焰来推测，南京之抉择在"抗战"、在"忍辱"，其结果并无轩轾，所不同的只是：抗战者"玉碎也"，忍辱者"瓦碎也"，欲求"瓦全"不可得也。如果没有个"西安事变"，而国民党一再忍辱而弄出"瓦碎"的结果，则蒋氏与国民党在中国历史上将奚止"身败名裂"而已哉！所以西安事变对蒋氏对国民党，也是塞翁失马，安知非福。

总之，抗战八年，实是我国家、民族历史上最光荣的一页。"兄弟阋于墙而外御其侮"这句古训，在抗战初期真表现得刻骨铭心，为后世子孙永留典范。笔者和一些老辈读者们都是有亲身体验的过来人。我们那时亲眼见到蒋氏和国民党的声望，全民仰止，真如日中天。这点史实，任何公正的历史学家，都不会否认。如果没有西安事变，没有全国的大统一，没有惨烈的武装抗战，则人事全非。

蒋氏和国民党，当时有此声望，有此契机，好好搞下去，正是天降大任、民赐良缘，来复兴民族、重建国家。谁又想到八年苦战之后竟落了个派系倾轧、五子登科、关门自杀的局面，这又是谁之过欤？人必自侮而后人侮之。西安事变提早全民抗战是真，使"反对派的中共"因此壮大也不假，但是说它毁灭了国民党在大陆的政权，那就过甚其辞了。

但是不论我们对西安事变的历史意义是怎么个看法，这桩严重的事变和它的多彩多姿的策动者，在我们向以史学炫世的中国，不能没有一部公正翔实的传记。今日坊间有关张、杨之作和老帅、少帅片断的传记，也并不少见；可是由一个职业史学工作者穷根究底地来钻他个牛角尖，写篇水落石出的博士论文，则尚不多见。因此傅虹霖博士以她十年之功，写出了这部《张学良的政治生涯》，似乎还是这位不平凡的历史人物张学良将军的第一本全传，虽然她所写的还只是限于张氏"政治生涯"这一面，至于其他多彩多姿的众多方面还有待来者。

本书作者傅虹霖博士，于汉译本完篇之后，不弃浅薄，曾一再要我为她这本中文版写篇序文，她的厚意不是因为我对少帅张学良有多少深入的研究；相反，正是因为我所知道的张学良的政治生涯，却多半得自本书——我是这本传记英文原稿的第一个忠实读者。在作者撰写过程中，从导言到结论，不但逐字逐句的细读，有时还签注意见、参酌大纲、详订细节。何以如此呢？因为本书英文原稿原是作者在美国纽约的纽约大学历史系攻读博士学位时的博士论文。在她撰写期间，不才适受聘为该校史学系博士班的客座导师，她适是我这位不学导师的博士研究生。这就使我对她这部大作的英文原稿非逐字逐句地细细阅读和慢慢推敲不可了。

美国名牌大学中，博士论文的撰写是十分严肃的。简言之，那就是胡适所说的"拿绣花针的功夫"，一幅百尺锦绣，是用小小的绣花针，一丝不苟、一针针地绣出的。不但要"大胆假设"，更要"小心求证"，有一分证据说一分话，有九分证据不能说十分话。夸夸其谈，望文生义等新闻报导式的撰述，是一句不许的。

还有，在"方法学"上的选择也是极其严格的。我国写旧式传记的程序，也被"社会科学处理"的方法所替代，立言持论都要以社会科学各部门的法则为依归，不可信口开河。这样一来，不但难为了学生，也难为了导师。前者的训练便是后者的责任。这种训练，在中国旧戏剧界里叫做"坐科"。经过这种严格地坐科训练的演员，便叫做"科班出身"，否则便是"票友"。但这不是说票友一定不如科班。可是坐科毕竟是一种对"基本功"的训练，他的底子究非"玩票者"所可比。本书作者傅虹霖女士便是史学界有才华而又有科班训练的专才。笔者不学，竟曾一度做过这样有成就的高材生的论文导师。但我对这样不平凡的博士研究生却殊感内疚，因为我虽忝居教席，我对有关张学良的政治生涯的知识，大体依赖着傅女士的研究。如果说她是青出于蓝，那简直是我自抬身价了。

我说这种话并非谦虚，而是事实。她这位杰出的研究生也是我所指导过的博士研究生中唯一的例外。笔者在哥伦比亚大学研究院任教十余年。老实说，那时在我辅导之下的研究生都可以说获益匪浅。理由是那时我兼掌哥大中文图书馆，并且教授一门"中国目录学"。坐拥书城，二十四小时浸在其中，所以任何艰涩题目和稀奇史料，都可一索即得，迎刃而解。因此诸生问学，往往半日之谈，便可省却他们数周、数月甚至数年之功。这不是夸大，实在是汉家典籍浩如烟海，若无师承，则异族学生摸索终生，有时还是足未入户。今日有些所谓汉学家，难免还是如此。可是我对本书的作者就感到十分歉疚了——我对她没有尽到一位论文导师所应尽的责任。我反而是在批阅她的论文时向她学习。原因是当她开始撰写时，我正自哥大转业在纽约市立大学，而且转过来担任的且是一项综合多种学科的行政工作。我把哥大中文图书馆的钥匙交还原主之后，对图书资料的掌握便没有以前随时出入那样方便了。

本书作者傅虹霖博士攻读的是私立纽约大学，我转业任教的是纽约市立大学，两校皆无汉籍收藏。研究汉学的师生都倚靠哥大的中文馆。我既离哥大，则各校研究生来寻求"指导"者，我都以资料检阅不便而谢却。在这种情况之下，傅女士做了我的研究生也就变成了例外。因为她和她的丈夫祖炳民博士和我夫妇早有通家之好，平时论学衡文都如兄若弟，大家治学亦各有高低。如今老友夫人为进修学位，选师适及下走，我虽自知不学，于情于理，均不得不勉力承乏。今喜见大著问世，我附骥为文，真不胜其惭汗也。

傅虹霖博士是东北的媳妇。她丈夫祖炳民博士原是吉林人氏，毕业于日本东京大学，精通日文，曾主持美国新泽西州西东大学亚洲研究院有年，知名汉学界。他属东北世族，与原东北军将领和老、少帅本家都有千丝万缕的关系。这本书由祖夫人来写真是得心应手；再加上他二人的才华和博士学位的科班训练，我想这部杰作也能够传世了吧。我是精读过她的英文原著的，持论公允，文笔流畅，颇得我心。中文译作我虽尚未寓目，锦上添花自可预卜。不过博士论文毕竟是篇学术著作，自与通俗读物各异其趣，我想有心读者自能得其三昧。然书非自译，偶难达意，也是意料中事。原文撰述本以西文读者为对象，译汉以后，以中国文，谈中国事，让中国读者读之，自更有分外亲切之感。如今发行在即，谨遵作者之嘱，匆草芜篇为序，尚乞海内贤明不吝教之，为幸。

一九八七年十二月二十三日清晨于北美洲

（傅虹霖著《张学良的政治生涯》原系英文写作，在美出版，中文版由王海晨、胥波翻译，沈阳辽宁大学出版社出版）

原载《传记文学》第五十四卷第一期

张学良将军的赤子之心

第二次世界大战后影响历史研究最大的一门学科，便是由杜威大师开山的"行为科学"（Behavior Science）了。这宗新学派的论学主旨则是"个性决定行为"。其"决定"的方式则是通过一种 S-R 或S-O-R程序，也就是"刺激—生机—反弹"（Stimulus-Organism-Response）连续反应的运作过程。这一过程的发展也是有其等级的：如果这一个性所决定的行为的"行为者"是一介匹夫，则其行为的结果（Consequences）就只限于一家之内；如果他是官吏或教师，其影响便及于社会；如果他是个秉国政、掌重兵的大人物，那就牵涉到国计民生了；更上层楼，他如做了世界级的伟人，不得了，他的个性所决定的行为就关系全人类的生死存亡了。

如今天与人归，由张岳公（张群）所领导发起、群贤共祝九秩大庆的汉卿张学良将军，便是这样一位世界级的历史伟人。他的个性所决定的行为，就关系到全人类的祸福。事实上，他那颗火热热的、老而弥笃的赤子之心所铸造的"个性"，再通过S-O-R的过程所"反弹"出来的社会行为，就部分地改写了二十世纪后期的世界通史，也通盘地改写了同一时期的中国近代史。我们搞近代史专业的史学家，如今面对这样一位重量级的历史制造者，执简在手，又怎样去秉笔直书呢？

传统史学中的"春秋之义"

老实说，上述西方这宗最新的学问，和我们东方最古老的孔孟教义，基本上是殊途同归的，至少两者之间并没有原则上的矛盾。只是行为科学家只泛论人类社会行为变化之通则，内涵是抽象的，没有涉及"个性"或"人性"善恶的具体问题。而我国儒法两家社会哲学的出发点，则基于具体的人性之为善为恶的问题。其实善恶的标准是人类智慧主观地制订的，人性因此也是善恶兼具的。君子小人之别，只是两种"七分天赋、三分环境"所养成的不同的人品罢了。

可是从实际政治运作的观点来看，则有为有守的君子之间，亦何尝没有误国之士；无所不为的小人之辈，也每有治国用兵之才。那这样我们观察历史人物，又如何落笔呢？所以我们传统史家乃有所谓"春秋之义"，就是把他们的动机与效果分开，不以成败论英雄。历史人物如动机纯正、心际光明，则是国之瑰宝、民之圣贤。行事偶有差池，史家亦只"责备贤者"而已，无伤大节。反之，小人当国，则不论成败都是史家口诛笔伐的对象了。

曹操说："天下无孤，不知几人称帝，几人称王？"他对安定汉末那个动乱社会是有其功勋的。但是曹操却永远是传统史家笔下枭雄小人的代表。重视动机、藐视效果，斯之谓"诛心之论"——其功不可没，而其心可诛，则终不足取也。我国传统史学上这点臧否人物的道德标准，是值得我们承继的。

不过传统史学毕竟落伍了。它那衡量忠臣孝子的尺码，已嫌陈腐；它那知其然而不知其所以然的研究方法，也不够科学。这就需要我们用现时代新兴的社会科学的法则来加以补充了。所以我们要把我国当代世界级的民族英雄在国族历史上试为定位，那我们就得把古今中外历史科学的法则与观念，摊开来比较研究一番，不偏不倚，才能粗得其平。

所以我们如以"春秋大义"来观察张学良将军，他实在是一位动机纯正、心际光明、敢作敢为、拿得起放得下而永不失其"赤子之心"的爱国将领。就凭这一点，当年假抗日之名行营私之实，其功未必不可没，而其心实属可诛的军人、政客、党人、学者，在中国近代史上，就不能跟张学良这样的老英雄平起平坐了。

再从当代行为科学研究的规律着眼，则少帅当年的政治行为和心理状态，亦无一不可于"刺激—生机—反弹"的通则上找出科学的答案。这是一门社会科学与自然科学（如心理学、生理学等等）交配的新品种，不是历史学家可以胡说八道的。

总之，张学良将军早岁的显赫和晚岁的恬淡，都发生于一个"最后之因"。这个"因"便是他个性上有颗"赤子之心"。这颗赤子之心，经过S-O-R的反弹化为行为，是可以翻天覆地的。那是少帅常年道德上的长处，但它可能也是少帅职业上的短处啊。

永不褪色的"赤子之心"

朋友们或许要问，张学良有颗永不褪色的"赤子之心"，何所见而云然呢？答曰，正是有所见而云然！

事实上是，赤子之心，人皆有之；只是基于上帝安排，人各有其多寡罢了。张汉公可能要比一般人更多一些。这是上帝恩赐，不可强求。

事实上，赤子之心，也是人皆失之；只是失去者有早晚之别罢了。而张汉公则保留它至九十高龄而未褪色，这或许就是环境的关系了。赤子之心为何物也？想读者群中善男信女都能详道之，不多赘了。只是失去赤子之心的人，应以"政客"为最早。盖政治最复杂、最诡谲，吃那行饭的人，童心就不易保留了。可是张学良也是吃那行饭的大头领，他竟然年跻九十而有其赤子之心，岂不怪哉？

其实细细推敲一下就没有什么费解了。"行为科学"的S-O-R就足为我们详述之：张汉公虽然"年未而立，便掌方面，独握大权"，俨然一位政界大头目。是他却没有学会"怎样做政客"！他没有做政客的必要嘛。因此他在这个S-O-R的连锁上就缺少了这个做政客的"S"，自然就没有"O-R"了。且看他生为"衙内"，幼为"王子"（东北王之子），稍长"便掌方面"，当行伍出身的老"奉系"搞不下去了，在现代化了的新"奉系"中，少帅就是事实上的一"系"之主，何待于老帅殉国之后呢？他上无其心难测的上司，中缺争权夺位的同僚，下面多的是忠心耿耿的死士部属。日常行政处事，一切为国、为民、为公、为"系"，也就是为着自己。他没有搞"勾心斗角"之必要，因此他也就没有做小政客的历史磨炼了。

汉公真正地卷入政治漩涡，盖在"九一八"之后，而他的对手方又是两位当时中国政坛上的第一等高手，所以少帅就开始吃亏了。"西安事变"之后，张副总司令亲送蒋中正总司令返南京。冯玉祥闻之叹曰："少不更事！"这位姓冯的"把兄"（冯、张原有金兰之盟）就不知道他那年轻的"把弟"原不是个官僚政客嘛。

人生短短百年，总应留得清白在人间——

唯大英雄能本色，是真名士自风流！吾为张学良将军作期颐之祝。

七九年五月二十八日匆草于台北

原载《传记文学》第四十七卷第六期

民国史"每两月一章"（书简）

绍唐兄：

拜读五月号贵刊"编者按语"，真不胜惶汗。兄之期许，诚为弟数十年之私愿。每希于衣食无虞而又可长期目不窥园之条件下，为"民国史"作一有系统之整理，庶足以一家之言，就正于史学同文及社会上之一般读者。鄙意拙作将区分为两部门：其"正文"当务求其通俗，庶几非史学界读者偶一阅之亦不致"昏昏然入睡"；其"学报"性文字，则系诸"注释"，必要时重要小注脚均可独立成篇，自成一小专题，以就正于象牙塔内之贤师益友，虽不能至，数稔以来，心向往之矣。

唯弟此次留台数月，实完全出诸偶然。初来时除一把牙刷之外，真是身无长物。数十年旧稿与笔记等物，竟未携来片纸。最近虽承蒋慰堂前辈之提挈及"国立中央图书馆"中诸友好之鼎助，重入宝山，殊可安居乐业；然目前亦有一二专题，必须于留台期间全力以赴。期能略有所成，以补国史之书阙有间。以故兄之盛意嘱"每月一章"，实在是捉襟见肘，力有不足。加以中国近史专才何只数百人，弟何人兮，敢于班门弄斧、草草落笔哉？！如兄宽限为"每两月一章"，则拖破车、牛马走，或可勉强应命。弟自知不学，以故一拖再拖，始终不敢执笔。然弟亦深知"丑媳妇终得见公婆"。如无畏友如兄者执鞭策励于后，将永远不敢"洗手作羹汤"也。

拙作次一篇，姑命题为《论'帝国主义'与晚清外患》。兄如不弃，当于六月中旬缴卷也。匆上。叩

编安

弟德刚顿首

七九年五月二十五日

原载《传记文学》第五十六卷第六期

广陵散从此绝矣（选载）

——敬悼顾维钧先生

一九八五年十一月十五日上午，我正拿着粉笔走向教室，系秘书忽传有"台北电话"，那原来是金恒炜先生打来要我写一篇悼念顾维钧先生的文章。

"顾先生去世了？！"心头为之一怔。台北已知道了，而我近在咫尺却未见消息，所以感到愕然也。

顾先生自民国元年（一九一二年）他二十五岁在哥伦比亚大学取得博士学位回国，出任外交部和袁世凯大总统的机要秘书始，至一九六七年近八十高龄自海牙国际法庭退休止，盘旋于政坛的最高阶层先后五十余年而未尝间断。真是一生显赫、福寿全归，不特是中国近代史中所未有，即在世界近代史中，除丘吉尔一人之外，恐怕也难找到第二人了。

先生今以九九高龄无疾而终，这在传统中国原叫做"白喜事"，亲友晚辈本无悲伤之必要。只是顾公的门生故吏、晚辈亲友，近数月来，正准备明年为老人庆祝"百龄嵩寿"，孰知余时不过数月，老人却"避寿"而去，终不能不使晚辈感其哀悼也。

笔者之认识顾先生，进而成为顾氏的助手，还是由我那老本行"口述历史"开始的。在五十年代之末，哥伦比亚大学"中国口述历史学部"一共只有两个"全时"研究员，那便是已故的夏连荫（莲英，英文名Julie How）女士和我。

顾维钧先生在一九六○年初有意参加我们"口述历史学部"之后，校方原是指定Julie担任访问。Julie工作本就相当重，加以她又是位美而多财的千金小姐，家资万贯，不靠薪金过日子，搞历史本是她的"消遣"，弄得做工如救火，她是不肯干的——这也是完全可以理解的。所以连荫在访问了顾少川先生童年事迹以后，她嫌太忙太累，就辍工不干了。

我那时比连荫还要忙。但是"顾维钧"这个名字对我的诱惑力太大了。搞中国近代史怎能和"顾维钧"失之交臂呢？加以在"北洋"时代，顾总长、顾总理和黄蕙兰夫人还住在铁狮子胡同陈圆圆的故居时，我家的一些长辈，包括我那在法国留学的姑母和姑丈，都认识他们。自我家长辈口中，不知听了多少顾总长的"传奇"——那时的"顾总长"这三个字，对个小孩子是多么遥远啊！

如今这位"铁狮子胡同的顾总长"就近在眼前，这项传奇何能放过？我自连荫处取过录音带，就和顾总长攀谈起来了。顾总长对我的接班，也大为高兴——因为我对"民国史演义"也大有研究。搞起"直系""皖系"，尤其是后者，也能如数家珍。顾总长提到吴景濂，我就说"吴大头"；他说"国会议员"，我就说"八百罗汉"；他说"张嘉璈使他过不了中秋节"，我就把"张公权回忆录"拿给他看，并告以张公权先生亲口对我所说的关于"中秋节事件"的经过；他提到冯玉祥"倒戈"——此事当时传说是"顾维钧假扮妇人，逃往天津"——我便告诉他黄郛是主谋，黄沈亦云夫人则躲在北京公馆作"内应"。

"黄沈亦云夫人告诉我，这件事是'首都革命'呢！"我以英语向当年的总长、摄阁，提出如上情报。

"黄太太那时也在北京？"顾公始终以英语问我。

"怎么不在呢？"我说，"黄夫人彻夜不眠，还不时把电灯开关扭动，看看北京是否断电呢！"

"啊！原来黄太太也是叛徒的'共犯'！"他说了也笑起来。总之，顾总长对我这位助手对稗官野史之熟悉，足使他大为欣赏——他的故事，也找到了如响斯应的传人。

一次顾氏把"金佛郎案"当中一段故事张冠李戴了。我更正了他的错误，顾公不服，并说"事如昨日"也。我取出顾总长当年自己签署的文件来再次反证，顾公才服输。

"唐博士，"顾总长安慰我说，"这一章是错了。下礼拜，我俩重新写过。"

顾总长和胡适大使及李代总统不同。胡、李二公遇我如晚辈、如子侄，亲如家人。顾公可能是久作外交官的关系，对任何人都文质彬彬地，保持一段礼貌上的距离。我随顾公三年有奇，他未叫过我一声"德刚"或"TK"。每次我往谒见，他总是站起来和我握手，叫我"Dr. Tong"，顾公告诉我，当年他的上司陆徵祥对他总是如此。做职业外交官的人多半是如此吧。

不过顾先生对我这个助手则显然颇为赏识。他那时在海牙，每年回纽约三数月至半年不等。每次回纽之前，他总是写信告诉哥大当轴，盼能调我这位"唐博士"继续做他的"助手"。一次他还把我向宋子文先生推荐呢。退休之后，他和哥大的狄百瑞和国际银行总裁Eugene Black等，图重整美洲最老的华美组织China Society，我还在他这位会长之下，又做了四年的"执行副会长"的苦工呢。

我替顾先生当助手搞"口述自传"，是他自哥大博士那一段开始的。他那时是哥大的真正的超级高材生。老师们一致认为他是位了不起的人才。辛亥革命一旦成功，"老朋友"孙逸仙博士做了总统，古老的中国现代化了，需才孔亟。老师们乃劝"威灵顿"（顾氏的洋名字）立刻回国报效。

"我的博士论文才写了一半呢！"威灵顿认为他还未学成，应暂缓归国。

"够了！够了！"老师们说。

其实这篇论文实是"不够、不够"的，有待补充。据说几位老师大家分工，补充补充，就由哥大出版部出版了。胡适之老师和在下，都是哥大的博士，都知道顾氏所得的是一份殊荣。

顾君回国时翩翩一表，给"宰相"唐绍仪看中了，以女妻之，他就在相府招亲，做了国务总理的女婿，出任外交部秘书，旋升参赞。那时虽是民国，然帝制还是去年的事，官仪官箴，仍从旧习。

"每次梅兰芳见到我，都'打千'呢。"顾氏说得很平淡，而我这位《梅兰芳传》的作者却心里有数——我知道我的"英雄"，可爱的"梅郎"，那时对这位"相府女婿"的新贵，是怎样"打千"请安的。

顾氏在外交部工作不及数月，大总统府出事了。

原来那时日本正在"洋化"。新天皇（裕仁的爸爸）搞洋规矩，新年期间向全世界各国元首发出"恭贺新禧"的通电，各国元首亦电复新年发财。这个天大的新闻里却独缺北京。袁大总统不安了，内阁和外交部更感惶惑，又不便去电东京质问——不知如何是好。

这时顾秘书想出政府里邮电收发可能有误。外交部、国务院既未收此电，则此电可能径发大总统府——顾秘书乃奉命往总统府"查卷"。这一查，不得了：此电赫然在焉，只是电报上有大总统府秘书的批注说："东京来电，姓名地址不详，免复。"

原来这位秘书不知道英文电报里的"YOSHIHITO"即是日本大正天皇也——一个天大的乌龙！

"这位秘书怎能如此粗心！"笔者也曾干过短期小型的"机要秘书"，知道吃这行饭是既"机"又"要"，大意不得的。

"他是哈佛毕业的。"顾氏微笑。

"是谁？"我追问。

"不必说名字吧。"顾先生是外交官，是忠厚的人，更是聪明人，他知道他这位"助手"是会自己知道的。

哈佛毕业，回国任大总统机要秘书，是比哥伦比亚毕业，任外交部秘书，要"机要"得多啊！

"袁大总统如何处理这一过失？"我问。

"罚薪一月，"顾微笑地说，"不久就调职了。"

"哈佛毕业的"调了职，这位"哥伦比亚毕业的"就奉大总统手谕，兼任双重秘书了。

"袁大总统"和"蒋老总统"不同。蒋公选择"幕僚"，尤其是管"机要"一类的人，务求其谨小慎微、鞠躬尽瘁，像陈布雷先生那样的谦谦君子。袁世凯则反是，他取其精明强干，遇有要事，拿出主张，任其艰巨——这一来，这位精明强干、才大心细的顾少川，登高而招，顺风而呼，不久便锥处囊中，脱颖而出了。年方二十七，一位翩翩美少年、浊世佳公子便被大总统逾格超升，以"头品顶戴、三眼花翎、赏穿黄马褂、钦差大臣"的同等官阶和荣誉，出使美利坚合众国的"全权公使"。

顾少川那时在冠盖如云的华盛顿外交圈中，是一位最年轻、最漂亮，可能也是最有风度、最有才华、最有学问的外交官，更是白宫主人早期的忘年之交，英雄识英雄的"老朋友"——真是出尽风头，虽然他所代表的国家却是当时列强的一个最老大、最腐朽、最贫困、最愚弱的"次殖民地"。

在此三数年前，一位哥大的东方学生威灵顿·顾曾率领了一个哥大辩论团远征普林斯顿大学，击败该校的辩论团之后，由普林斯顿校长伍德罗·威尔逊在官邸欢宴，宾主尽欢，相约"再见"。又有谁知道，数年之后，彼此真的"再见"了。"再见"之时，彼此都穿上大礼服，一位是美国的大总统，另一位则是古老中国的"钦差大臣"呢。

呈递国书之后，这两位忘年老友，握手一笑——这是外交史上的国际佳话呢，还是英雄识英雄、"使君与操"的煮酒话旧呢？！这件事，为以前史书上所未有，今后的外交史恐怕也难得五百年一遇了。

"现在的'国民政府外交部'，对我们外交使节行文，总是叫'训令'，"顾先生偶尔也同我讲几句不上记录的华语，说，"在清代的总理衙门和外务部，只能用'咨文'——因为外交使节是代表国家的，代表皇帝的，是钦命官、钦差大臣——是和六部尚书'平等'的……"顾先生向我说这话，并无感叹之意，他只是说明一件历史事实，和行政制度上的变革而已。

顾少川先生自二十七岁时，从"钦差大臣"做起，两度入阁"拜相"，一直做到八十岁退休为止。

他是世界上的第一流外交干才、举世闻名的国际政治家。但是他搞的却是个"弱国外交"——他个人在外交界所代表的分量，往往超过他所代表的政府。检讨起来顾氏一生的成就，读历史的人或许会惋惜他"事非其主"，为其才华抱不平。

"办外交不比打仗，"顾氏心平气和地告诉我这位后辈，"打仗有百分之百的胜利，也有无条件投降。办外交能办到百分之七十的成功，就是最大的胜利了……哪有百分之百的胜利？！"

他曾替"军阀政府"服务，遭到国民政府的"通缉"（这点顾氏一直向我否认）；他也替"国民政府"当过"外交部长"、当过"大使"，而成为"战犯"。

顾先生的才华真是一时无两。他是位功不可没的爱国外交官。他本身的传记便是现代中国的一部外交史。笔者不学而有幸，竟能襄赞长者，留下他一生最光辉的阶段，自一九一二到一九三七年中，最光辉的记录和最丰富的史料。我曾替他那三十七大箱个人文件和三十五年的英文日记，做过"引得"，在哥大图书馆辟专室保管之。

缅念先贤，我想，像顾先生这样有才华和功业的巨人，他一死只可说是"广陵散从此绝矣"！对一个教外交史的教师来说，顾先生在现代外交史上，实在是前无古人、后无来者的。

写顾先生，笔者可文不加点，一下便写出二三十万字来——他的故事太丰富了，也太有传奇性了。姑且应金恒炜兄之嘱，暂时就写到此处吧。

一九八五年十一月十六日晨八时匆草

（本文原载一九八五年十一月二十日《中国时报》人间副刊）

六一事变五十周年
——兼谈刘廷芳"说服蒋介石先生的一段内幕"

一九三六年六月一日所爆发的六一事变（亦称"两广事变"）距今已整整五十周年了。这一事变，不足两月，不特改变了我们中华民族每一个人的命运，它甚至改变了今日世界整个人类历史运行的轨迹。

六一事变的危机

六一事变是怎么回事？

长话短说，它是和西安事变一样，都是以"抗日救国"为号召而反对"南京中央"的"兵谏"；只是——且让我用个当今的时髦名词——西安事变是一件"阴谋"，六一事变则是件"阳谋"而已。

搞起这个"阳谋"的首脑是虎踞两广、拥兵数十万、飞机数十架、械精饷足的"南天王"陈济棠和广西首脑、桂系领袖李宗仁、白崇禧是也。论造反实力，则后来搞"阴谋"的张、杨和他们简直无法相比。

陈、李、白这三位老哥何以忽于此时要起兵北上抗日，与南京中央为难呢？说穿了，这只是当时国民党实力派内讧之一环罢了。两广这两支久与中央"嫡系"不睦的"杂牌军",在派系斗争中,屡占下风。但是经过五年生聚、五年教训之后,自觉三人合伙,实力不在蒋氏所控制的"南京中央"之下。如今眼见蒋某外迫于强寇、内困于红军、中窘于学生救亡运动,已经焦头烂额、进退维谷。就在这所有蒋氏政敌都幸灾乐祸之际,他们遂决定以"抗日"为号召,造反有理,来报一箭之仇,与南京抗衡争霸、逐鹿中原。形势看好、万事俱备,陈、李二人乃于一九三六年六月一日领衔发出通电,要率两广健儿北上抗日。宣言既出,桂系精锐随即于六月五日强渡黄沙河,进入永州;粤军亦直迫衡阳,向湖南假道北上。一时刀光剑影,一个"二次北伐"已箭在弦上。

两广有什么把握,能于此时对中央用兵呢?这就因为他们那时估计——也是李宗仁一再向我说的——"中央政令不出五省"!换言之,在两广领袖眼光之中,当时的蒋介石,亦不过是国民革命军北伐前之五省联军总司令孙传芳耳。北伐之前,虎踞金陵的孙传芳可以被以两广为根据地的革命军一举打垮,今日占据南京的蒋某,为何不可照样驱除呢?——这便是他们三位搞六一事变的思想体系吧。

孰知他们这一件"阳谋",事未叠月,兵未血刃,便一败涂地。陈济棠赔了夫人又折兵,弄得众叛亲离,与李宗仁分金散伙,逃之夭夭,到香港做寓公去了。(见《李宗仁回忆录》第四十八章)

这位"南天王"为什么弄得如此狼狈呢?原来这便是中国近代史上那件有名的迷信故事:在事变之前,陈济棠曾"扶乩"问吉凶,而乩仙则鼓励他说"机不可失"。果然于七月四月,粤方空军驾驶员四十余人,忽然驾"机"投奔中央,"报效党国"去了。接着便是粤军第一军军长余汉谋阵前起义,反陈拥蒋。粤军另一主将李汉魂,也认为陈氏"所谓抗日救国云者,直是公开骗人",因而"挂印封金""单骑归汉"去了(见《李汉魂将军日记》上集第一册。李将军亦亲口告我甚详）。这一来，六一运动弄巧成拙。军民的眼睛是雪亮的，以"抗日"口号投机造反，岂可骗人？

"南天王"一倒，广西李、白二人孤掌难鸣，中央大军四合，讨伐就在旦夕。白崇禧这时只好藏身避祸，让李宗仁单机飞穗，谒蒋表态，重献忠诚。委员长不为已甚，才宽慰而恕之，结束了这场"阳谋"闹剧（见所引的二李前书）。

刘廷芳的"内幕"故事

以上所述的六一事变的始末，是事变以后五十年来的公开历史。李宗仁先生在五十年代也亲口告诉我，六一事变中，他的桂系是"被拖下水"，他是和其他元老一样，到广州去替陈伯南"抬轿子"的。整出滑稽剧是陈济棠一人"迷信"和"糊涂"搞起来的。但是这种惊天动地的大"阳谋"，牵涉精兵数十万，真是那么简单吗？我当年将信将疑，手边虽有若干线索，然旁证无多，不敢遽持异议。孰知事隔数十年，竟于纽约这个藏龙卧虎之地遇见了一位八六高龄的刘廷芳先生，才使这一谜团豁然开朗，使这一六一事变有信史可循，也使我对蒋公在西安事变前的自信心态更多一层了解，更使西安事变的"偶然性"多一件佐证。

原来这个六一事变不是陈济棠一人独干的，李宗仁也不是被拖落水。这件"阳谋"原是他们陈、李、白三公精心策划的。他们三人之外还有个今日健在台北、当年荣任桂军总参谋长的李品仙将军——虽然李鹤公（品仙字鹤龄）在他的《李品仙回忆录》上竟然也只字未提！

事缘两广当局在发动二次北伐揭蒋抗日之前，他们知道成败的关键是落在当年湖南省主席何键的身上。湖南地居要冲，"无湘不成军"，民性强悍、省富兵精。当年蒋公所领导的北伐就是由湘军唐生智部附义，并亲任前敌总指挥打起来的。

当时的何键亦有健卒十万，饷械充足。他如依附粤、桂，则陈、李"二次北伐"，兵不血刃，便可直取武汉，重演其"宁汉分立"；甚或如王濬楼船、洪杨江艘，长驱而直下金陵。但是何键如听命中央，力阻粤、桂之师北上，则陈、李二人纵加上个"小诸葛"，想搞个"六出祁山"，前途也就很渺茫了。好在何键与李品仙均为唐生智旧部，交情不浅。李品仙在唐部解体之后，返桂依附李、白，累官至总参谋长要职。何则挟众赶走前湘主席鲁涤平而自代之，由南京事后追认加委。何与粤、桂诸将同属杂牌，临深履薄，时畏中央并吞，难安枕席。

所以两广此次举事，重点便在裹胁何氏。其手段则是：逼之以威，桂军精锐于六月五日即已进入永州，粤军则于十日逼近衡阳，其势汹汹；再诱之以利，如捣蒋事成，则从龙有功，不难三分天下；复动之以情，这一点则鹤龄旧侣便是最适当的人选了。

在陈、李诸人心目中，何氏如加入以"抗日"为号召的捣蒋阵营，则全国各省势将纷起响应（西安事变时，张、杨显然亦作如是想），亦如当年武昌起义，在一呼百诺之下，则金陵王气黯然收，可预卜矣。

为负荷此一"内交"重任，李品仙乃于一九三六年初夏为桂使湘。行踪至为诡秘，真是人不知、鬼不觉，而湖南方面亲自接待他并与之密谈的正是何键自己。何之外，就只有一个刘廷芳了（另外只有个记录秘书）。

这一桩民国史上有关键性的三人密谈，想不到五十年后的今日，竟然还有两位耄耋老人健在人间——李品老在台北，刘廷老在纽约——尚可为历史挺身作证也。

难为了何芸樵

在这场湘桂密议之中，处境最难的当然是何键了。他如参加两广"造反"，则中央兴师讨伐时，他便首当其冲。两广一毛未拔，他自己可能已身首异处。他如服从中央，则两广北伐的第一个目标也是他。南京可以乘势一石双鸟，何氏则以一人而敌两省，胜负可知。他如鼠首两端，拒不表态，则南北夹攻之中，就更无完卵矣。

这个密议可难为了何芸樵（何键字芸樵）。但他原始性的反应还是两面磕头——一面亲自接待两广密使；另一面又公开派遣省府秘书长易书竹往南京请示。他这种两边表态又两边都不表态的干法，两广虽在继续劝骂，"假道"并挥军继续北上；中央可就强硬了——蒋委员长拒绝接见何键专派的官方代表易书竹！意味着何键有附逆企图。

在这种南京中央强迫表态的情势之下，何氏权衡轻重，不得已只有向中央"一边倒"。据刘君回忆，何氏事变之前便有"月圆必缺，水满则溢"的心态，屡屡问计于廷芳，欲以所部湘军十余万拨还归中央直接指挥，而刘氏则以自己年岁太轻、经验太浅，不敢借箸代筹，妄言可否。今日面此"六一"危局，他这"一边倒"的决策，虽迫于形势，然亦原为何氏之夙愿。他之归顺中央，亦颇具当年日本明治维新时期，各地方幕府深明大义、归政中枢之气度。刘自云为何之至交，相知殊深。五十年后，何君墓木已拱，只是根据史实，为何氏之本性，略叙所知。上节所述，今日尚健在之何芸樵夫人亦深知之，唯当时国民党中枢之党方负责人则对芸樵有诸多误解而加以歧视，实有欠公允云云。刘氏言之，至今仍颇为之欷歔不置，希望治国民党史者，执笔亦应以事实为根据才好。

何键既已决定摒弃两广，完全服从中央，但是在中国传统政治中

"办理内交"，则相对实力派之间的"私人往还"，和各派"心腹"人员彼此之间的密议，实非各派"官方代表"之间的公事公办所能及其万一。因而何键这项"向中央秘密表态"的"内交"重任，便落到刘廷芳的身上了——这是何氏在两大之间自求生存的高明手法。

时至五十年后的今日，还有当年当事人健在，这也是治史者之幸，能听到有关当时政治实况的口述历史，来对公开而不全面的历史加以修正。

刘廷芳其人

刘廷芳，湘人，北伐之后自美国哥伦比亚大学（与胡适之、朱经农等人同学）毕业，回湘办实业，并主持湖南省银行。那时湘籍海外留学生不多，还湘服务者尤少。刘之新式的企业又办得成绩斐然，是个新时代人物，因此在一群旧式军政人员围绕之下的何将军麾下，很快就脱颖而出。一九三一年委员长因公访长沙，无意之中竟与刘相识。刘在湖南所办企业金融也颇为蒋所称许。据刘回忆，渠曾向蒋条陈，将西南诸省尤其是湖南所特有的锑、钨、锡三种珍贵矿藏收归国家统一开采，以免地方军人或土劣据以自肥。此一建议尤为蒋所激赏。为进一步了解情况，蒋竟偕夫人亲临刘氏为渠所设之私宴。斯时蒋公威震华夏，旰食宵衣，竟能拨冗亲临一位年方三十一岁之地方小企业家之私宴，亦可谓知遇至隆，不平常之甚矣！

战前的蒋氏也和许多当国者早期一样，乍理国政，虚怀若谷而礼贤下士，在四方挖掘其治国用兵之才；借此既可了解"下情"，亦可于地方预布政治棋子，贮才备用。以前曾一度被蒋罗致的青年党领袖左舜生先生就和我谈过蒋氏在这方面的许多轶事，为此左氏对蒋早年作风亦深具好评。刘廷芳之见重于蒋，便是当年发生在湖南地区的一个实例。

五年之后，六一事变发生之时，刘既是何之心腹，亦颇见重于蒋；而刘又年轻，无籍籍之名，秘密代表身份不易外泄，这样他就成为替何向蒋作秘密表态的最佳人选了。

当刘氏衔何之命，乘私租水上飞机专程自汉口飞南京谒蒋时，蒋竟派时任行政院秘书长（蒋时自任院长）、最信任之心腹要员翁文灏秘迎于江干；直驰至地质调查所密议后，旋即谒蒋，由刘替何向蒋披肝沥胆，私诉衷情。这一秘密表态，那就远非易秘书长上访、公事公办的情况所可比了。

刘之私谒蒋氏意味着什么呢？它的真正意义是：两广裹胁何氏之毒计从此完结！何键对蒋以子侄自居，表示了向南京的绝对忠诚、绝对服从的"一边倒"。绝对掌握了湖南，中央才能对两广叛将做该和该战的决策。终使刘某这个小小的密使，参与了扭转了四万万人命运的大大的密勿——秘密一沉五十年不为人知！

据刘氏告诉我，他既是何之密使，又取得蒋之宠信，他乃乘便向蒋代陈何氏之"愿望"。盖何"党龄"太浅，在"以党治国"时代，党位太低，希望在党里有个"中委"的位置，蒋亦立时首肯。而何键后来身兼两湖绥靖主任的军事要职，亦由于密使无意中之一言——蒋或误为何键的"要求"，而何实未有此奢望也。他时来运转，竟于无意中得之。（德刚复按：何键出任中委为一九三五年事。刘廷芳代表何键谒蒋似不止一次。"中委"一事可能在此次之前。再者，何似未尝任"两湖绥靖主任"之职，可能系"长沙绥靖主任"之误。事隔五十年可能记忆不清。）

刘氏既变成两边信任的人物，也接受了两边的差遣，竟乘着"美龄号"专机，仆仆于南京、武汉之间，为和平解决六一事变而努力。他替何向中央表态这一着，显然地（虽然我们尚未掌握到充分证据）就影响粤军第一军军长余汉谋倒戈反陈的决定。余、蒋之间，那时也有密使往还，然何键的态度如不明朗化，那位蜗处粤北，介乎陈济棠、何键之间的余汉谋便很难异动了；而粤军第六师师长兼广东东区绥靖委员、负责地方绥靖及督导指挥粤东军政的李汉魂之"挂印封金"反陈，则是余汉谋倒戈的连锁影响——其中枢纽，还系于何键态度之转移。何键效忠中央之明朗化，刘廷芳密使与"美龄号"专机功莫大焉。"乩仙"先生所开玩笑的"不可失"之"机"，并没有决定性影响，做神仙也会吹牛的。

刘廷芳这段故事，我想在蒋公日记里、"国民党中央"如今尚未开放的秘密档案里，将来一定是可以印证的。在当时，刘廷芳这青年"神秘客"，乘着"美龄号"专机为两方奔波，据说连"美龄"本人和后来代陈济棠坐镇广州、威慑西南的何应钦将军，亦不知底细呢。

由于刘氏的健在，他为我们口述历史留下有关六一事变五十年来，不为人知的另一半更重要的史实。不流于偏听偏信，史家执笔，可不慎哉！（参见刘廷芳著《我说服蒋介石先生化解一场内战危机——记两广事变未曾公开的一段内幕》，载一九八六年二月号《中报月刊》）

一九八六年十二月十二日于北美洲

原载《传记文学》第五十卷第二期

代刘廷芳先生说几句话（书简）

绍唐兄：

在贵刊前期所发表有关两广"六一事变"拙作及刘廷芳老先生原文，读者反应颇多，深受鼓励。惟拜读吴相湘兄之评语，弟曾再访刘公长谈。相湘为刘之湘中晚辈，刘氏读其文，莞尔之余，本无意作答。只是吴文中所言刘之通讯处为"湖南省政府转"，深易惹起误会，故嘱弟告兄暨相湘兄"绝无此事"，乞为更正。

刘氏以八七高龄（非吴文所说之八十），虽仍兼廷兴公司董事长，然该公司贸易遍及全球，中国大陆自亦在其中也。刘自云并非毕业于"楚怡小学"，相湘或闻于误传。至于刘为何键说蒋，只是一段千真万确的历史事实而已。承友好鼓励，略书始末向历史交账。耄耋高龄，侨居海外已四十四载，与政治早已绝缘。受友好之力劝，偶叙往事无他意也。刘公嘱弟转兄暨吴教授垂察之云。谨代转陈，顺叩

编安

弟德刚顿首　一九八七年四月四日于纽约

原载《传记文学》第五十卷五期

关于朱经农与刘廷芳两函

其一

绍唐兄：

　　周前接到我的师兄朱文长教授嘱转刘廷芳先生一文，诉说当年何键派刘谒蒋，原与湖南教育厅长、文长的尊翁朱经农先生同机飞去南京的。经农先生是当年蒋公出任中央大学校长时的中大教育长，也是我的老师，所以长期叫文长为师兄，因此对朱师之行亦颇感兴趣。然据刘老言，他与朱师并未同机，他是先朱一日去南京。因军情紧急，他在南京未停，便携了蒋公两封亲笔信（分致在汉口的杨永泰和何成濬），乘"美龄号"匆匆飞汉。经农老师是次日始抵南京，委员长曾设宴款待，刘则未及在南京候朱一晤。

　　据刘言，当桂军渡过黄沙河时，何键甚为紧张，乃急召刘，嘱其立刻启程赴南京谒蒋。刘甚至未及返家更衣携款，匆忙取一小毛毯便乘粤汉路专车直驰汉口，向友人借些零用钱，乃搭预订水上飞机，只身飞往南京。下机时见政院秘书长翁文灏亲迎于江干。刘并先赴地质调查所见钱昌照略议，随即与翁驰车谒蒋后，即日飞回汉口云。钱昌照仍健在大陆，弟去年访大陆曾一度与其同席午餐，钱或亦撰有回忆录，亦未可知。

文长言刘、朱之行曾有新闻媒体报道，亦出刘之意外。他当时以为衔命谒蒋为极高军事机密也。

史实愈找愈多愈明。文长与弟通电话亦言拙作对西安事变之判断甚为正确。海外亦有史家已根据刘文与拙作重写其著述矣。吾兄对贵刊所付二十五年之心血，自有其永恒价值也，至以为贺。承嘱于二十四小时内赶出小文一篇，今以特快邮奉上。文成仓促，务乞斧正之也。

敬贺

贵列华诞，兼祝

贵体康宁！

弟德刚匆上

一九八七年五月十四日深夜

其二

绍唐兄：

前函计达左右。函去后，文长兄曾与刘廷芳先生通长途电话，叙旧交甚欢。

刘公又与弟通电话，说及当年在湘之美国留学生朱经农、胡庶华、何浩若、周鲠生四人分掌各厅处，均为渠向何键力荐任用，再经南京中央批准者，而朱、胡、何三人嗣均经中央核准，只周君一人之任命未经中央通过云云。此段交代亦可补湘省地方史之不足，故专书向兄补报。何之于刘既如此亲信，则刘之秘访南京，当亦为蒋所信任非虚也。

刘公又言他当年所携蒋公亲笔信共有三封，一致杨永泰、一致何成

034 ...

潜，另封则为复何键之函，语多嘉勉。何键向南京中央效忠，既经肯定，则胡宗南等大军乃得迅速南下，两广六一之变乃消敉于无形矣。

谨再上数语，以补前函未尽之意。

匆候

编安

弟德刚上

一九八七年五月十五日

原载《传记文学》第五十卷第六期

钱昌照与刘廷芳
——"口述历史"侧记

　　刘廷芳先生所撰有关两广六一事变的长文，在《传记文学》发表之后，曾引起史学界一些热烈的反应。但是刘氏今已八九高龄，当年和他共事的前辈和同辈，什九均已作古，以致刘氏在事变中所扮演的绝密信使的角色，除他本人在五十年后的口述和朱文长教授所转述其尊翁朱经农先生的故事之外，几乎已找不出第一手的旁证了。事实上这也是我们搞口述历史的最大困难之所在——民国史上该有几千百宗类似的事件，使史家难以掌握。笔者当年为顾维钧、李宗仁诸先生执笔撰写其回忆录，就不知碰到多少类似的难题。

　　当刘氏之文年前引起史学界注意时，我便想到，当年与刘同参密议，而今仍健在人间的，实在只有钱昌照一人。钱氏早年留英，三十年代初期便荣任国民政府教育部次长，后累迁至资源委员会委员长，协办当年国府政策中最重要的财经资源，可说是才华洋溢、少年得志，甚至黑头开府、参与密勿，允为当年蒋委员长所最亲信的内幕人物之一。因此刘廷芳于六一事变期中，衔何键之密令，专机飞南京谒蒋，在行政院秘书长翁文灏亲迎于江干之后,他第一个晋谒的竟然是钱昌照——这也可看出钱氏当年在蒋氏幕中的重要性。钱氏的回忆应当可算是刘文第一手的旁证了。

说来也巧,在六一事变的五十年后,我因参加在大陆举行的"孙中山先生诞辰一百二十周年纪念会",于一九八六年秋在北京参加了全国政协的招待餐会,不意竟与钱公同席。斯时刘文尚未引人注目,而钱公年届耄耋,宴会场上乱哄哄,因此除向钱先生致敬之外,就未敢与老辈乱扯学问了。后来刘文变成史界注目的文献,我真大呼负负——与钱公失之交臂,未能请他即席印证一下。所幸我那时看到钱氏精神矍铄,窃思他日返国,仍可专访请益也。不意这一小小心愿的"口述历史",近日竟然有人代劳了,真是喜出望外。

事情是这样的:近月钱先生因小恙住入医院。他有一位忘年小友姜昆,前去专程探病。在病房中闲聊时,竟触及此一历史问题。

姜昆是大陆著名相声演员,他居然也是刘老的朋友。他与钱的话题既涉及刘氏,姜昆乃把他二人所谈的内容,写了封信转告了刘老。刘老和我是近邻,乃把姜函转我一读。

姜昆这封信,虽也只是一般朋友往还的普通信件,但在一个写历史的人看来,却有其史料上的重要性,因为钱、刘二人当年都受知于蒋,直接参加了应付六一事变的幕后活动。而当年所有的当事人中,也只剩他二人还健在人间,做白头宫女,话玄宗往事。其吉光片羽,都可让史学工作者来细细咀嚼,因为这事实上也是可靠的"口述历史"之一部分嘛。

今得刘氏面许,我特把姜函抄出若干节寄"刘传记"。其他对六一事变史料有兴趣之同文,或对这段小史料亦有若干兴趣也。

姜函节抄如下：

刘老，您好！

我在遥远的北京向您问候。前几日听说您贵体欠佳，电话去问候您，不想您近九十高龄，仍然思维敏捷，反应迅速，精神矍铄，电话中的声音里漾着一般年轻人的活力，真让我们晚辈又高兴、又钦佩。

昨天（八月十三日）我去看望了我们的前辈钱昌照先生。他由于身体感觉不适，住进了北京医院。我闻讯而去，一见面，我看他精神还蛮不错，早上还参加了人大常委会。只是由于年老，身体虚弱一些。我一去钱老非常高兴。自然而然地也就提及了先生您。我提到刘老每次到北京来，都怕打扰钱先生，并且告知我们也不要给钱老添什么麻烦。钱老说："刘先生太客气了。我和刘先生认识，是蒋介石先生的信介绍的。蒋介石先生到湖南看到有个国货公司，非常感兴趣，当何键先生告之此公司是刘廷芳先生开的时，蒋先生无论如何要一见，于是在他家中宴请了蒋先生夫妇。"（中略）……钱老也讲您管的锑、钨、锡矿，一直在他领导下的工作。

在提及您劝说蒋介石避免了内战的两广事件时，钱昌照先生讲："刘廷芳先生在避免全国的内战时是起了作用的。正是在刘先生的游说下，蒋先生采取了一些措施，包括用金钱收买了空军将领这件事，翁文灏先生知道得最清楚！"

（下略一段）

刘老，钱先生的长公子钱教授让我捎信给您，无论如何，有机会要再来北京看看钱老，钱老也很惦念您。

匆匆忙忙写信给您，望您保重身体。

谨祝

大安

姜昆　九月十四日于北京

原载《传记文学》第五十卷第五期

泰山颓矣
——敬悼岳丈吴开先先生

我个人是不信宗教的，但是生平却碰到些除冥冥中注定之外，便无法解释的巧合事件。这次我岳丈吴开先先生之死，我竟能亲自参加了他的葬礼；并且在他老人家辞世之前将近一个月的时间，每天都到他病榻前去看望他，直至看到他的心电图由快而慢，终于变成一条直线而最后熄灭。我们翁婿之间的感情不薄。但是在他离开人世时，我竟有此缘分，在其病榻前送终，则是出乎我意料的。开公享高寿，弃养时已九十有二。但是近年来他已很衰迈，在医院病房进进出出也已好几次。每次重病时，总是他的一子二女轮流飞返侍疾，病减则去。一般是轮不到我这位女婿专程飞来侍候的。

老实说，我是个忙人。平时教书作文做研究工作已经忙不开交。我还抱奋勇地与一些臭味相投的朋友们，搞了一些兴之所好的什么文艺协会、历史学会，开什么座谈会、什么国际会议，往往弄得半年不见天日。更要紧的则是我还要为着糊口、为着职业，干了些性所不好的美国大学系主任，在洋机关里做小官僚、当小干部，终日为着吵课程、吵预算，吵个没完没了，前后竟然吵了十余年没有"倦勤"。

除此之外，还有些未便为"外人道"之事，便是我是个穷文人。俗语云："吃不穷，穿不穷，算计不到就爱穷。"小子样样都会，就是不会"算计"，所以穷了一辈子。在捉襟见肘的客观条件限制之下，对远隔重洋的至亲好友的探病贺寿，老伴之间，有一人能飞来飞去，已属勉强，二人结伴同行就难乎其难了。

记得十来年前开公八秩双庆。在我们婿女二人之间，女婿是比较欢喜热闹的。想到筵开百席，猜拳行令，好不欢乐人也。说良心话，我心头是痒痒的，想飞来台北，磕头拜寿，也好大吃大喝一番。但是形势比人强，"半子"究竟比不上"全女"，我就只好留下了。留下了，对泰山又何以为寿呢？本是个不吃长斋的呆秀才嘛，二人一议，以全数祝期颐，就作它十首诗吧。因而就作了十首歪诗。最后一首曰：

妇自裁笺我润毫，呼儿适市备香醪。
好随季子乘风便，为献新诗代寿桃！

他们姐弟三人，携了满箱新衣欢乐而去，我这个in-law就只有独守空房，坐想寿酒口流涎了。

其后不久，可怜的岳母，久病床褥，失智数年，终于撒手人寰。这次又是他们三人，泪流满面、结伴而行、返台奔丧。昭文登机前夕语我说，他们殡仪馆都有预备好的挽联，我看你还是作一副罢。我说，你拿笔来嘛。我便写了一副吊岳母的挽联曰：

鬼子寻仇，汉奸谋命，爱夫爱国。金玉坚贞，姆妈原为烈女。
暮晚独处，儿孙远离，换药换汤。梁孟难比，阿爹真是圣人。

我这副急就章大致只花了十分钟就作好了。老婆看了甚为满意。我写这副挽联，不是如胡适之先生所说的："我作诗，快来兮。"而是有感而发，上下联都是事实，不是写一般应酬文字的陈腔滥调。

事缘一九三九年，也就是抗战第三年，汪精卫投敌叛国，正在南京、上海一带组织伪政府，一时群丑登台，抗战已入最艰难阶段。为与日伪作生死存亡的斗争，重庆蒋公乃密令吴开先化装潜入敌后，组织"统一委员会"与敌伪搏斗。这是一桩极危险的敌后斗争。开公见危受命的节操，是值得我们写历史的人大书特书的。在开公活动的前期还有租界可作掩护，到一九四一年"珍珠港事件"之后，日军冲入租界就藩篱尽失了。经过一番搜寻之后，开公终于夜半被捕了。这一幕"捉放吴开先"（见汉奸汪曼云在大陆狱中所写之自白）是十分惊心动魄的——开公已决心"做第一个为抗战捐躯的中央委员"，曾数度自杀未遂。朋友，这种在日寇死囚牢中一再自杀，不是可以做作"表演"的啊。而这些惊心动魄的过程，都是他老婆孩子所亲眼看到的。做这样一位准烈士的夫人，应该也可称为烈女吧。

我作的下联的情节，也是十分真实的。岳母晚年患了脑萎缩症，卧床失智数载，简直是个植物人。他们的儿女全在美国，对她可说是丝毫未尽到应有的孝道。因此亲临床褥，换汤换药，就全靠她老伴一人了。在此期间，我亦尝因公过台北数次，见他老人家服侍夫人，数年如一日，未尝有丝毫倦怠之容！语云："久病床上无孝子。"我目击开公对夫人的心意，老实说，我为之感动不已——真有古圣人所不能也之感。忠臣孝子、烈士情痴，盖源于同一种人性吧。

今番开公最后一次住院而我适在台北，完全是一桩巧合事件。去年年底承两位老友——政治大学前后任校长欧阳勋、张京育二博士盛情邀请，使我有个难得机缘再次"因公返台"参加为期三天的研讨会。便道向老岳丈请安之外，我也预定乘机一访未尝涉足的台中、台南。年来迭承佛光山星云大师和东海大学梅可望校长盛约，此次也想乘机报聘。

南游归来后，我看开公身体虽弱而兴致甚好，礼佛尤勤。我乃和老人约好，订期同访台北普门寺，因普门住持慧明法师原为老友，志行高洁、禅理精深。老人如按时礼佛，甚或皈依，普门近在咫尺，实在是个理想的去处。开公子女均在重洋之外，老人暮年孤寂，心里有个信仰，体外有个去处，则身心当两受其益也。老人对我的建议也甚为嘉许。谁知言未离耳，音容宛在，而老人竟边遽道山呢。余住岳家不及三两日，然我们翁婿相处甚得，国事家事天下事，谈笑殊欢。迨老人住入宏恩医院加护病房之后，我每日去医院探视归来，见杂物如旧，而老人恐将永不归来矣。思念及此，亦竟为之拭泪。男儿有泪不轻弹，但是人类毕竟是有感情的动物，在你想到一位爱重你的老辈遽然失去时，十分伤心是免不了的。以前胡适之先生的骤然逝世，当昭文告诉我这一消息时，我不觉两泪一涌而下。后来昭文写信告诉她爸爸时，也说我"如丧考妣"呢。人总是有感情的嘛。

这次老人病笃时，十分痛苦，但他每次见到我的出现，都面露欢愉之色，执手喜不自胜。在宏恩医院孟院长亲临床侧，率同谭、缪二大夫会诊做抢救医疗时，有时需要家属签字，我也只好婿代子职，以电话报告开公六十年以上的老友陈立夫、陶百川、萧铮、王铁汉、胡健中、梁永章诸前辈会商之，并与开公的小友刘绍唐先生细议之，乃遵医嘱签字。但在医师们严肃的气氛之中，我也知是泰山既颓之下的尽人事而已，乃连电昭文告急，促其率弟妹速归。三人闻讯始匆忙飞回，抵病榻时，老人已神智不清，入于弥留状态矣。

老人总算有福，在他走完九十二年的人世风雨飘摇的艰难道路时，终于有子女婿媳五人亲侍床侧，看他咽下最后一口气。

"亲丧"按我国固有道德应该是"无闻"的，但是旧礼在南渡之后也有了"修正"。台湾式的丧礼，儿女必须挂挽联吊父母。为遵台式新礼，昭文又要我为他们姐弟三人撰一副哭父的挽联，我遵命写了，并把开公最后的官衔"总统府国策顾问"也嵌了进去，以遵古礼。联曰：

三万里远隔重洋，难省晨昏，临箦泣对慈容，惭为儿女。

九十年鞠躬尽瘁，无负党国，晚岁荣参顾命，泽及黎元。

我撰了挽联，他们姊弟看了上联，三人皆哭。这不是我这位癫文人在舞文弄墨。我只是根据实情，写了二十一字一句、忠实的报道文学而已。这也是我们这一代的时代悲剧吧。

逝者毕竟是"党国"元老，葬礼是十分隆重，极尽哀荣。但是祭之丰终不如养之薄也。我想到岳丈晚年的孤寂生活，真为之感慨无限。时代使然，夫复何言呢？

承绍唐兄盛情，硬要我在"泰山颓矣"之后写一篇三千字的纪念文字。遵命之余，也可以说为后世社会史学家，留点我们这一代的时代痕迹吧。

一九九〇年二月二十五日于新店中央新村开公故庐

原载《传记文学》第五十六卷第三期

《沪上往事细说从头》迟来的导论
——珊瑚坝迎候吴开先感赋诗史释

《传记文学》按：

　　抗战期间冒险潜赴上海指挥地下工作人员对抗汪伪汉奸的吴开先先生，年登九秩，是九死一生、唯一幸存的"抗日活烈士"。开老多年来隐居台北，淡泊自甘，从不言其风云往事。去岁获读汉奸汪曼云等在大陆所写《捉放吴开先》一文，因其内容诸多失实，开老乃应编者之请亲撰《沪上往事细说从头》长文，一段隐秘近半世纪的史实首次公开。开老快婿史学家唐德刚博士曾应允本刊为吴文写一导论，因其公私两忙，吴文发表一年，导论迄未交卷。兹因公开其贤伉俪珍藏之于右任、程沧波、汪东、李根源、汪辟疆、沈尹默、梁寒操、周锺岳等名家《珊瑚坝（重庆飞机场）迎候吴开先感赋诗》长卷，补写本文，可以视为吴文"迟来的导论"。德刚不仅是精通古今中外的历史大家，且擅长旧诗词，文末附其旧作十首，亦为读者意外之收获。

另开老长女公子即唐德刚夫人吴昭文女士特为本刊写一文，就其记忆所及当年之亲身经历，对开老这一段"沪上往事"有所补述，文笔流畅，叙事清晰，不愧为名门之女与史家之另一半也。

我的岳丈吴开先先生是"国民党"主政大陆时期的一位重臣、高干和抗日陷敌未死的"幸存烈士"。他在一九三九年秋，正当我民族抗战最艰苦的岁月，汪精卫在南京组织伪政府紧锣密鼓之际，奉蒋委员长之命，自重庆经南洋潜返上海，借租界掩护，领导沦陷区抗日活动，并破坏汪伪组府工作。

盖斯时我军新败，敌后人心动摇。汪、陈（璧君）诸逆乃诡称汉奸主和乃汪、蒋之"双簧"，汪氏之"国府还都南京"，有渝方蒋公之默契。一时颇能蛊惑人心，动摇抗战信念。因此吴开先返沪之主要目的，便是向敌后人民，尤其是上海金融巨子，重申抗战要旨，揭穿此"双簧"之烟幕。吴氏并冒险公宴沪上金融界诸领袖人物，于宴会上以中央大员身份，直斥汪、陈诸逆为汉奸、"双簧"为谬论。一时忠奸有别、泾渭分流，汪氏组府几至一筹莫展。其原因便是汪氏组府之最重要"阁员"，厥为伪"财政部长"，而开公望重春申，与沪上金融界原有胶漆之谊。今又衔蒋公之命，挟孔祥熙氏之密函，足可阻止汪伪向金融界之渗透。汪伪之"财政部长"，势必选自上海金融界，而金融界诸贤拒不附逆，则汪伪之窘可知矣。

汪精卫当然也不是省油灯。他原是国府元老、党中副总裁，在上海一带自有其庞大的潜势力。如今组织伪府既受吴开先之阻挠，乃欲以得吴氏之头而甘心。重赏之下，必有勇夫。汪伪竟悬十万现洋重赏，以购吴氏头颅。以那时十万元的购买力来折算，也可说是书生头颅有价！

这时吴、汪之间虽忠奸有别，在实力上倒是旗鼓相当的。开公那时是重庆国府驻沪的最高级干部——以国民党中央执行委员兼该党组织部副部长。因此国府留沪各系统、各机关，在体制上都悉听调度，再加上各级干部同仇敌忾之心，则开公所掌握的实力亦自可观。

据开公告诉我，他那时匿居沪上，是不管"行动"的。那种披坚执锐、与敌伪在街头火并，自有那些有特殊训练的中下级忠贞之士去赴汤蹈火。他自己的职务则是抑制汪伪政权之扩展，作曲突徙薪之谋。敌伪双方当然深知他的重要性，然格于当时租界上的英美势力的阻挠，他们对吴氏这位上海社区的地下领袖，也无法加以有效的报复。可是这一形势，在"珍珠港事件"爆发后，瞬息之间便大局逆转了。

太平洋战争一起，美、日立刻宣战，日军乃冲入租界。他们那时要搜捕我方的第一"要犯"，自然就是吴开先了。处此紧急情况之下，开老理应呈报中央，撤入安全地带，无奈他艺高胆大，自恃为"老上海"，以为在数百万市民之间化装隐匿，敌伪双方都是不易寻获的。这一点，他虽保持了他的爱国心和责任感，并表现出他吃老虎的个人胆量，但是他也低估了敌伪的搜捕能力——重庆方面派来如此重要人物，在区区上海一市之内，他们竟然搜捕不着，则敌伪特工的这机关那机关，岂不通统都要关门了？！

他们终于掌握了吴家匿居的线索，侦骑密布，便把吴开先这个渝方派来的地下总指挥，于一九四二年三月十八日午夜，一网成擒！

日军杀人之残酷，远在德国纳粹之上。抗战初起，他们在南京一地，三天之内就屠杀了三十余万军民老幼，而其杀人手段之野蛮残酷，是史无前例的——吴开先这位在上海地区领导抗日的第一号人物，现在是落在日本屠夫手里了。

汪伪特工杀人之残酷，亦不在日寇之下。悬十万重赏、死活不拘的头颅，现在就在刀下——身首异处，一秒钟内就可决定！

我们读历史的人、看电视剧的人，对烈士，对受难者，对屠夫、暴君、刽子手……看得何等轻松！

"自古艰难唯一死！"身临生死边缘的仁人志士的感觉，可不一样啊！

被捕后的生死抉择

开公被捕之后，有几种可能的下场：

以他个人在敌伪眼光中的"罪大恶极"，他可以被"立刻处决"。

以他在国民党内的身份和内幕知识，他可被"严刑逼供"，终于"瘐死狱中"。

以敌伪之间乃至敌伪本身各派系间的争功、嫉忌与倾轧，他也可随时被害。

可是在这种错综复杂的情况之下，他们如果对他另有用途，不要他死，那么，他想做个"抗战期间第一个为国捐躯的国民党中央委员"（见汪曼云文），这个光荣的烈士头衔可也不易取得。吴氏决心服毒、跳楼、吞回纹针、绝食……在现代的医疗条件之下，要死也死不了。

"烈士"并不是人人可做的。有做烈士节操的仁人志士，往往也是"慷慨成仁易，从容就义难"。

一个战败不屈的将领，激于义愤，拔枪自杀，有很多国军高级将领如张灵甫、黄百韬等等都是如此捐躯的。可是被俘之后，自裁不死，其后又颇受礼遇，甚至"上马一提金，下马一提银"……但是你还是立志不屈，终于"从容就义"，那就很难了。纵是激于民族大义，而真能从容就义者，中华五千年历史上，恐怕也只有文天祥相国一人了。洪承畴被俘之后，原先不也是决心殉国的吗？

汪精卫这个大汉奸，他在中国历史上的罪恶是道德大于政治的。汪氏组织了一个伪政权，其实他的伪政权并未做太多的坏事。贪污腐化，国共两党皆不能免，岂只汪氏？其实，他抗拒日寇在中国大陆征兵往南洋作战，且不无可记者。

汪氏之劣迹，是他破坏了民族道德——他不该以国民党副总裁之尊，于抗战最艰苦阶段，血流成河、尸骨堆山之时，谬听老婆之言，反身投敌。

我民族八年抗战，在道德上说，是黑白分明的。汪、陈夫妇一旦投敌，乃把我们这个黑白分明的民族道德弄得一片模糊——使当时抛头颅、洒热血的爱国志士，在道德上莫知所适；而人类渣滓的汉奸，则个个手舞足蹈、理直气壮起来。汪氏在历史上的罪恶，莫有大于此者。

汪精卫本是吴开先的"长辈"——老上司、副总裁。党龄、事功、道德……都是吴开先的榜样，汪的左右也是吴开先的知交好友，如今忽然天旋地转，吴开先竟然做了汪精卫阶下的"待决死囚"！在这生死交关的情况下，汪氏如温语招降，甚至三日一小宴、五日一大宴，你叫吴开先在精神上何以自处？

为最低限度的保全性命着想，吴氏最简单的办法，便是"接受汪副总裁的领导"，写一本"CC内幕"的畅销书，加入老友周佛海、陈公博的行列。如此不但生命可保，高官厚禄也接踵而来——哪里做不得呢？

或者有人要问，如此做法，将来岂不是落个汉奸下场？但是那时日寇正席卷东南亚，"大东亚共荣圈"之建立就在目前，重庆岌岌可危，全国精华均已在"汪主席"控制之下，中国即将是汪家王朝的天下——有谁会想到日本会无条件投降呢？

在那种情况之下，舍汪记新朝的高官厚禄不要，偏要呆在死囚牢内，做个朝不保夕、汪副总裁政权下的文天祥，那真是"愚不可及"了。

在那种生死交关、庙堂沟壑的强烈对比之下，吴开先竟然毫不犹豫地选择了那条"愚不可及"的道路，是十分难能可贵的。

"内称不避亲！"我们搞历史的，是应有啥说啥的——绝不因为他是我的丈人！

何以能越狱脱险？

但是吴开先这位死囚犯，为何在抗战末期竟能越狱潜逃，堂而皇之跑回重庆呢？这一点就不能不归功于盟军作战之英勇和正直的上帝之保佑了。

原来日军在一九四一年十二月八日偷袭珍珠港之后，不数月便席卷东南亚，囊括了整个西太平洋，一时气焰之盛，真是拿破仑当年亦不过如此。美军在新败之后，在海军上原属劣势。我有位学生王书君教授曾用中文写过一本大书曰《太平洋海空战》，便叙之甚明。但是美国海军何以于短短两年之内反败为胜，节节反攻，终使日本海军一败涂地，不得不退守本岛呢？在史家参查无数种因素之后，也不得不嗟叹天意胜于人力——日寇这个侵略者，实受天谴！在珊瑚海、中途岛诸海战中，美国海军的胜利，很多方面都是很偶然的——美方并无"必胜"的条件和信念。

总之，在一九四三年初，美方一连串的胜仗之后，日寇败征已现。乃想在东亚大陆减轻压力，以便全力在海上与美军搏斗，以防其在日本本土登陆。在这项新决策之下，彼方深知汪伪政权不值一顾，乃转向重庆乞和了。

但是如何向重庆表示友善、求和罢兵呢？利用汉奸向重庆示意，断无此可能；利用唐生明等伪降之士，亦嫌分量不足。这样他们便想到在押的待决死囚、重庆方面的第一号大俘虏的吴开先了。开释吴开先以表示倭方觅和诚意，而吴氏又是重庆方面地位足以"通天"（面谒蒋公）的高干——用目前的术语来说，他们要利用吴开先作为对蒋通话的"热线"（Hot Line）。吴是他们掌握中的唯一具备此"热线"资格的人物。

可是，这时我全民族浴血抗战已苦撑六年，六年艰苦岁月中，日方一再诱降，我方迄未动摇。如今胜利已成定局，日寇屈膝有期，反而与败寇谋和，是不需常识即可判断取舍的。日方此举，也只是出于绝境，勉存梦想，知其不可而为之罢了。

至于吴氏呢？他正可利用此一资格，乘机脱离日寇魔掌，岂不也是侥天之幸？

历史事实告诉我们，在日军魔掌之下，莫说做死囚犯，甚至做"顺民"，其生命也是旦夕不保的。君不见诗人郁达夫乎？郁君通日语，在中日文坛均享盛名，并曾为日军做翻译。可是郁君却于日本正式投降之后，为日军所捕杀！日军杀郁达夫究为何事？灭口欤？泄愤欤？吾人不知也。但是郁君死后，有谁替他喊过一声冤？缉过一天凶？倭儿凶手还不是逍遥法外！吴开先招敌伪之忌远大于郁达夫呢！吴氏如不于一九四三年春乘机脱逃，其后命运如何，纵延至日寇投降之后，亦未可知呢！

生还后的是非

吴开先于一九四三年四月，被日军以专机运送至广州湾释放，辗转逃还重庆。

这一幕"捉放吴开先"（参见汪曼云狱中口述）的历史故事，对吴氏来说，真是历经险劫、得庆生还了。所以他在重庆珊瑚坝机场一下飞机，真是亲朋云集，欢声载道。党内外诗人墨客自于右任以次，并联席庆功酬唱，佳作集至数十首，复由沈尹默书家专抄，刊集成卷，实是中国近代史上不朽的文学佳构。十余年前，开老乃把此轴历史文献交其长女昭文保管。由于开老不喜自我标榜，素不以此手卷示人，故见之者绝少。唯昭文读汪曼云《捉放吴开先》一文后，对其最后一章谓开老返渝往接者仅三人；又谓有开老出席之宴会友朋裹足之说，大起反感，以其与事实适得其反。乃请示老父，决定将此手卷公布，不仅为驳汪文之不实，亦以飨文史界之同好，兼为历史文献存其真迹。

开老是幸存了他九死一生的"活烈士"的生命，但是他却不能摆脱当时国际、党际，甚至国民党党内的风云诡谲的政治。因为吴氏在离开沦陷区之前，汪精卫曾亲约午餐，日军最高将领冈村宁次亦曾约见恳谈，其后又搭日军专机去广州湾，重返自由——这些事原是身为阶下囚的吴开先所无法掌握之事，他是一任敌伪摆布、无法做主的，但是这些事件的本身却有其极敏感的国际政治、党际政治和党内斗争的超级意义。吴氏处此夹缝中，遂成为各方各取所需、任意蹴踢的政治皮球。

敌伪之想利用吴开先作"热线"固无论矣。重庆的"最高当局"蒋公的反应又如何呢？那就微妙了。蒋公的个性，和历史家所知道的史实，都是绝对"抗战到底"的。在胜利在望的曙光中，绝无与日寇妥协之可能。但是这一"绝无可能"，那时在国际政治中有决定性影响的憨直的美国佬不知也——这也是美国的"中国通"的不通之处吧。

当时美国佬对华情报所得，却把这个"绝无可能"的情势，变成了"绝大的可能"。美国佬这项无常识的情报，共产党的周恩来和国民党党内的反蒋集团实是最主要的来源（见美国已公开的战时秘档），这也是玩政治的各取所需吧——他们要"糟蹋"蒋介石来讨好史迪威。

微妙的是，蒋公对此项"诬蔑"，却笑而不言，始终不肯表态。

为什么如此呢？理由极简单：这一着棋是美国参谋本部马歇尔这一干人所最怕的。

须知那时中美之间的关键人物是史迪威。史可说是马歇尔的"私人"，而马歇尔则是罗斯福言听计从的智囊。

史迪威此人是个志大才疏、毫无政治头脑的老粗，与威风凛凛的蒋委员长极不相能。他竟公然呼蒋为"花生米"（Peanut，这原是国际密电中的代号而史氏公开之）。偏偏他掌握了美援"租借物资"的分配权。他和蒋、何（应钦）打交道，最常用的口头禅则是"QUID　PRO QUO"（有来始有往）。他的最高目标是把蒋介石挤得靠边站，由他取蒋而代之，出任"中国战区陆空军总司令"。这一最高职位，他是几乎到手了！

史迪威与蒋公虽成水火，但与蒋公和孔祥熙院长的枕边人却往还得十分投契。精明的共产党人士，和心怀怨愤的李济深辈党内领袖，又都看穿史老大的弱点和实力，把他哄得团团转……在这种党内外微妙情况之下，老史那时在重庆真是炙手可热。他有的是美援。他和蒋某打交道，一定要有来才有往。重庆当时一穷二白，拿什么来"往"呢？

因此蒋公那时对美国压力唯一反击的武器，也是他们最怕的武器便是："老子不打了！"事实上，那时外交部长宋子文在华府商谈美援，也动不动把蒋公这一"老子不打了"的态度暗示给罗斯福，罗斯福在惊恐之余，往往也就拿出大把大把银子来维持"老子去打"。

在一九四三年四月，吴开先蓦地飘然而返，并由日军专机送回，究竟葫芦里卖的什么药？蒋公就故弄玄虚，让敏感的老美慢慢去猜吧！这事实，只是告诉一向欺人太甚的美国文武，"老子不打了"不只是一句空话！

吴开先何人？他只是一位九死一生的、被日军释放回来的俘虏。论功行赏，理应盛大欢迎、加薪晋爵才对。可是这位"活烈士"在中美对垒的国际政治上发生作用了。他是中美围棋大赛中的一颗棋子。用存取舍之间，全看下棋者的需要和意志了。至于这棋子本身的是非荣辱，那就不在下棋者的考虑之列了。

再看看国共两党这盘棋吧。

抗战初期以后，国共摩擦加剧，共产党的宣传，声称国民党是"消极抗日"，甚至不抗日，或与日、伪阴谋联合反共的。他们能举出无数个例子来。一九四三年春，吴开先脱险归来，在共产党方面说来，自然又多了个例子。

最可叹的是，国民党为对付美国，既故意不作公开否认；对共产党和党内的反侧分子，亦仅暗示并未与敌伪有任何往还。在这个错综复杂的微妙情况之下，吴开先便成了个牺牲者。他被冷藏了，国民党组织部副部长的官也丢了。百劫归来，无官一身轻的来龙去脉，我们根据史料的分析，大致不会太错吧。

政治是残酷而龌龊的。它对国共两党之内所谓忠党爱国、舍身赴义的党员，乃至党外为抗日救国抛头颅、洒热血的仁人志士是太不公平了。抗战八年，我爱国军民，伏尸三千万——多少可歌可泣的壮烈故事！五十年来，有多少人怀念他们，甚至提到他们呢？他们不都是白死了吗？而贪赃枉法、鼠窃狗偷之辈，在他们的血迹上享其荣华、受其富贵，有什么天理可讲呢？

司马迁叹曰："天道无亲，常与善人，是耶？非耶？"

太史公这一个永恒的问题，是千年长存，于今为烈啊。吴开先这位

"准烈士"，抗战期间没有随诸先烈而去，如今以九秩高龄，身心两健，瞻望期颐，真是应该庆贺了。

开公自大陆易手之后，万人如海一身藏，隐于台北市廛已四十年。介之推不言禄，禄亦弗及，而老人倒颇能淡泊自甘，对过去风云往事，亦不愿提及。仅在儿女劝索之下，始亲笔自述十余万言，交德刚整理付梓。窃思开公事业牵涉中、日、美三国，暨国共二党，兼及汪伪政权史料，"国史馆""党史会"，日本"防卫厅"，乃至美国国务院、国防部，与夫今日上海各界汪伪史料，均连篇累牍，未细加查阅，便仓促校勘付印，未免过分草率、辜负正史，故迄未动笔。所幸海峡两岸言论如今均同时开放，日、美两国秘档近日亦不难探求。今后有余时余钱，当再细细推敲之，务期为民国正史留一页也。

今且将开公当年脱险返渝，陪都高层文化界于右任、程沧波、汪东、汪辟疆诸先哲对开老慰劳、庆功感赋诗先期发表，为抗战诗文之一章，以飨同文。

十年前（一九七八）开公八十双庆时，我个人因课忙未能亲飞台北参加祝贺，乃亦效颦匆草贺诗十首托内弟缵文携献老人，聊代跪拜。今亦附骥列出，以博亲朋大雅一粲。前贤杰作暨匆草拙诗，多涉及开老当年嚼舌抗倭功在国史之往事，如不稍加说明，则年轻一代读者，或不知所指何事。因稍作"史释"如上。乞高明惠正焉。

岳丈吴开先先生嵩庆献辞

一、江东元老　北伐少年

万户桃符佐寿筵，期颐预祝玉堂仙。

江东父老尊元老，北伐当年一少年。

二、春申江上　往日繁华

车满前庭酒满樽，春申江上月黄昏。

攀辕貂锦三千客，珠履黄郎岂足论？

三、身陷敌牢　矢志成仁

未见衣冠沦上国，孰从肝胆识孤贞。

应知散帻斜簪客，原是黄花冈上人。

四、呕唾倭酋　佯狂却敌

歇浦星沉一岛孤，书生咳唾却匈奴。

满城宫锦皆狐鼠，嚼舌常山一丈夫。

五、胜利还乡　内战去国

黎元喜见凯歌旋，重续齐民百二篇。

衽席苍生成幻梦，渔阳烽火照无眠。

六、退隐台北　从不言禄

策杖街头踽踽行，岂因介禄感逢迎。

尚书真向市曹隐，翁是临安第一人。

七、文桂承欢　子孝孙贤

云外莫嫌夷夏殊，朝暾长照子孙贤。

桂自飘香文自秀，相随已是十分圆。

八、布衣婿女　差报平安

堂前乳燕漫天飞，飞向淮南一布衣。

却喜归来双剪在，依然笑语报春晖。

九、笔戏雕虫　心存黎庶

每叹山东无足问，窃怜海甸有相濡。

著书为探生民术，忍共胡郎辨尔吾。

十、亲率儿女　献诗祝寿

妇自裁笺我润毫，呼儿适市备香醪。

且随季子乘风便，好献新诗作寿桃。

一九八八年十一月五日于北美洲

原载《传记文学》第五十三卷第六期

为刘绍唐先生创办《传记文学》二十年而作

在我国汗牛充栋的传统史学里，所谓"纪传体"——也就是那部头最大、撰修时间最长的"正史"（二十五史）所采用的体裁——实是史学的主流。其实"纪"即是"传"。司马迁原是这一体裁的创始者，而司马迁所写的《项羽本纪》《高祖本纪》，事实上便是"项羽传"和"刘邦传"。所以换言之，我们也可以说，中国传统史学是以传记为主体的。传记写的是人的故事。把一个人或一群人的社会行为忠实而有趣味地记录下来，让人百读不厌，那就是传记文学了。

论传记文学，推上去，司马迁当然是这一行的鼻祖。我国古代各行各业照例都供奉他们的祖师爷——例如木匠供的是鲁班；唱戏的供的唐明皇；药店供的神农；医生供的是华陀等等。所以刘绍唐先生如果也要在"传记文学社"供一位祖师爷，那么司马迁也就该当仁不让了。

不过传记这项文学，在"二十五史"的头"四史"——《史记》《汉书》《后汉书》《三国志》之中，都写得很好，其后便愈来愈糟。形式主义化的结果，到《清史列传》和《清史稿》上的"列传"，简直就令人不忍卒读了。

由于"正史"的形式主义化，它也就影响了私家传记作者的写作。所以在中国的传记文学里，"四史"而后，简直没有几篇可以说是脍炙人口的作品。

司马迁不但传记文学写得好，他的自传文学也照样写得好。他那篇《太史公自序》，便是第一流的文学作品。不幸的是，这个自传文学的传统，和传记一样，也流于形式化。以后大家干脆就不写传记和自传了，索性来他个"流水账"——所谓"年谱"。一位老先生自知快要蒙主宠召了，想自我留名后世，便来他个"某翁自订年谱"。笔者昔年管图书，浪费人家的钱，把这类年谱买了不知道多少筐，多少篓。有时偶尔也去翻看翻看，看得生气，不觉便投书于篓——哼！我又不是你的儿子、你的孙子，看你这种书干嘛？！

可是这个僵化了的传统，在西风东渐的近百年中，渐渐又显出复苏的迹象。纵是最枯燥的年谱，在"现代化"了的写作之下，也有极多可看之书。老同学窦宗一先生所写的《李鸿章年（日）谱》（一九六八年香港友联书报发行公司出版）便是一本不朽的佳作。在全书中，作者自己几乎未写一句主观的评语，他只是自多如牛毛的有关李鸿章的史料中选其精华，按时序排列，让鸿章去说他自己的话。在这本小书中，李鸿章真是栩栩如生，令人百读不厌。

欣羡之余，笔者于一九六二年《李宗仁回忆录》（哥伦比亚大学口述历史之一）中、英二稿同时完工之后，心目中的"第二部"书，便是想向宗一效颦，来一部《蒋中正先生年（日）谱》。并想在蒋公百年之前，于关节处所，以"口述录音"方式，请"老师""自订"。

蒋中正先生是我的"老师"。

一九四三年春初，蒋公接长国立中央大学校长时，我正是该校历史系毕业班的学生。事缘前校长顾孟余先生被迫辞职，而教育部派来的继任人又不见经传，这未免小视了我们国立中央大学的大学生了，所以我们拒绝接受这新校长，闹了个偌大的学潮。教育部收不了这个烂摊子，乃呈报行政院解决，而行政院下来的批示，则是"本院长自兼"！

这一来不但教育部不敢挡驾，我们大学生也不敢闹了。我们贴出一张伟大的"大字报"（当时叫"壁报"吧）："欢迎校长早日莅校办公"。

接着我们又收到校长室执事人员的传话，说："校长不许欢迎。"抹了我们大学生一鼻子灰。

校长虽不许我们欢迎，我们还是欢迎了他。自此以后校长每周来校办公两小时，这时我们全校师生也就按时辍工两小时去"看校长"。后来我毕业了，毕业证书上的署名也是"校长蒋中正"，所以我就变成不折不扣的蒋中正先生的"学生"了。

二十七年过去了。一九七〇年冬我们在台北开会，一天早晨蒋公点名召见我们"留美四学人"。当他老人家问起我的学历时，我开玩笑地说："我是'天子门生'啊！"

蒋公也微微地笑了笑，却说："你是中央大学毕业的？"

"是呀！"我说，"我是三二级，历史系。我的毕业证书就是你签名盖章的啊！"

"那么你年纪……"

"老师不要问我的年纪了，"我说，"我现在的年纪，正是那时您在南京，我们向您'献机祝寿'时，您的年纪。"

我没有称他"校长"，因为"校长"是黄埔等军事学校毕业生称呼他的专用名词，我未便乱用，所以我称他"老师"。

当我靠在沙发上和我的"老师"嬉皮笑脸地一问一答之时，我看那在沙发上只坐了半个屁股的某学人，脸上一红一白，似乎有点局促不安起来。蒋公身边的两位侍从，似乎也有点惊异。

可是，我倒有点奇怪。我觉得坐在我们面前的"我的老师"是那样慈祥和善、笑容满面的一位老人，其他人等干嘛那么紧张？

"老师，"我笑着说，"您没有老呀，您和我们在重庆看到您时，还差不了太多……"

"时间过得真快呀！"老师感叹地说。

"你很好！"老师又慰勉地说，"你以后写历史有什么需要的话，告诉我，我可以支持你！"

这样便结束了轮在我名下的简短谈话。我想我们这次奉召谒见，台北官方可能还留有正式记录，亦未可知。

我那时的幻想是提着个录音机去找我"老师"谈话，以补充我那时已经着手的新著《蒋中正先生年（日）谱》。等到这部"资料书"完成之后，再来"笔则笔，削则削"，一部忠实无欺的《蒋中正先生全传》就不难下笔了。

以上便是我个人心目中想写的"第二部"传记兼自传的幻想。可是不久我就觉得，我这个计划（project）太不切实际了。我想要把"我的老师蒋中正"，当成"我的'老同事'李宗仁"，那如何办得到呢？

李宗仁先生是抗战时期的第五战区司令长官，我也在第五战区当过兵，所以李德公总喜欢说他是我的"老同事"。其实我在纽约和他合作写书时，也真像个"老同事"。有时郭德洁夫人不在家，李德公就替我烧个安徽火锅（李公是个好厨师，但他说这火锅是他从安徽六安学来的）、四碟小菜，我二人就"煮酒论英雄"了，有时"论"到深夜，他还不让我走。也有时我回家后乘妻儿熟睡之时，凭着三分酒意，在书房之内也就写个通宵，翌晨万余言的"英雄掌故"就出来了；再过两天英文稿也跟着脱稿，一窝等着看的洋人，也就念得摇头摆尾。

这是李宗仁的故事。只要他没错，我就秉笔直书。他弄错、他胡吹，对不起，我笔则笔之，削则削之——大段删除。有时这位四星上将的"代总统"不服气了，叽叽咕咕。但是他也知道，秀才遇到兵，固然有理讲不清；相反的，兵遇到秀才，那穿二尺五的，也有理说不出——他一个人的脑袋，总敌不过我图书馆内三十万卷图书。

但是纵使一件史实是忠实无欺的，可是解释起来，必然会有其一面之词——这不但是个历史学家对一位历史制造者所无法阻止的，同时也是应该鼓励他说的。是所谓"公说公有理，婆说婆有理"。读史者欲知真相，则听了公的，再去听婆的，那自然真相大白。

所以在李宗仁的中英两稿定稿之后，我这位执笔人便一再严重地警告我的读者说，这本书是"桂系的一面之词"，偏听、偏信、不听、不信，都是不对的——谁又料到这个"一面之词"，二十年后竟会在中国大陆上拥有千万以上的读者！

就我个人来说，我那时的心理是：听过"桂系"的了；再听听"中央"的。由于这一心理的驱策，在我的"老同事"不幸死亡之后，我就想找"我的老师"来反证一下，如此则一部信史便可以动笔了。

回到纽约之后，我又把我的计划仔细地想了一想。我发现我自己太幼稚！我怎能和"我的老师"一道吃安徽火锅，"煮酒论英雄"呢？这也使我理解到孔门弟子——苏格拉底、柏拉图也是如此说的——夫子"在位"和"不在位"的问题。

还有使我联想到的便是我国传统史学上所谓"官修"和"私修"的问题。官、私两家虽各有短长，但是传统著述之内，好的史书几乎都是私修的。另外一个实际问题便是，如果搞官修，则左史记言、右史记事，海内人才济济，那里又需要一个"远地和尚"搞历史的华侨来帮闲呢？

此外还有个职业转移的问题。我回纽约之后，发现哥大有一批洋人和日本人正在多方策动把我轰出哥大。区区在哥大一未贪污、二未渎职——那些轰我的人也是有良心的，他们口口声声说我对哥大有"重大贡献"（这话承情他们到现在还在继续说下去），而我又位卑名低，向不构成对任何白人和日本人的争名争位的任何威胁，轰我作甚？殊不知天下事之不知道理由的却正多着呢！我再也未想到当年领头轰我的人十年后自己也被轰掉了。如今哥大全校也同样张口结舌——不知道什么原因！

这段小插曲使我想到孔仲尼先生有时也有"误人子弟"的地方，什么"言忠信，行笃敬，虽蛮貊之邦，行矣"。我想提醒孔夫子，"言忠信，行笃敬"在任何社会里都可使你变成个"可敬可爱"的"好人"，但是"好人"在"蛮貊之邦"是"行"不得的。

在哥大既然不舒服，则哥大除了三十万卷的汉文典籍之外，还有什么值得恋栈的呢？一九七二年初我就转业到纽约市大去作亚洲学系第一任的系主任去了——这一下忽然从"牛后"变成"鸡口"，而这个小"鸡口"，与我以前所搞的"计划"又风马牛不相及，因而我那一心一意所搞的"私修""资料书"便无形中断了。

但我个人毕竟是学历史的。一有空，我还是要搞我的"私修"。可是想想近二十年来，个人搞历史——尤其亲见亲闻的民国史断烂的情形，和个人在哥大一无是处的"茶壶里的风波"，我不由得想起和我同时、搞同样东西的刘绍唐是多么崇高伟大了！

闭目沉思，我想想过去二十年的《传记文学》对治"民国史"的贡献，真是史所未有、骇人听闻！

今日我们可以说，没有刘绍唐，就没有《传记文学》；没有《传记文学》，则治民国史者，光靠些"官方资料"和少许鸡零狗碎的私人著述，则将来的民国史又可写出些什么东西来，这是不难想象的。

恭维刘绍唐，并不是说他的《传记文学》是篇篇珠玉。相反的，二百四十二本的《传记文学》可能是个"金矿"，也可能是个大"杂货栈"。但纵使是个杂货栈，杂货（如笔者本人的作品）之外，正不知有多少珠玉琳琅。会拣的人，自会取之不尽，足使民国史接近它原有的事实。

就以笔者个人读《传记文学》的心得来说吧，不读《传记文学》，我就不知道"翠亨村"的原名叫"菜坑村"；不知道"复兴社"是咋回事；不知道谁在卢沟桥开第一枪；不知道"何梅协定"原不是什么协定；不知道……还多着呢！

刘绍唐还有一个贡献：他开了个风气。"五四"以来鼓吹写自传最力的是胡适之先生。但是胡适没有搞出个气候来。在刘绍唐攘臂跳火坑之初，胡适还在打破锣，说怕他"难以为继"呢。想不到"刘传记"就有此魄力、毅力、精力，一"继"二十年，一期不脱，烂污不拆，愈搞愈有劲，居然在史学界搞出个"刘绍唐时代"来。胡适如泉下有知，也应自愧不如！

天下事往往有巧合。

笔者去岁应邀去大陆教书六个月。我教的是美国史，但我留心观察的则是民国史；因为大陆史学界近几年最大的热门也是民国史，而且吹得震天价响。同时我也发现，不管意识形态如何不同，兵争政争是如何炽烈，所谓中国知识分子还是有其共同语言（common language）和共同次文化（subculture）的。六月交游，我可说识遍治民国史的铮铮巨擘。毋庸讳言，我们治史的方法与原则确有不同，但这原是学界的正常现象。我国传统经学还有今、古文之争，而今、古文本身，又各有"家法"。

我们不能以学术原则影响个人友谊，更不应以个人友谊，改变学术原则。这是中国读书人的共同语言，大家都了解，所以我在大陆承史界同文友好不弃，他们也提供我应有的研究方便。

在我遍览民国史料时，最使我震惊的是全国和各省市政协所编辑出版的"文史资料"，这文史资料事实上便是当年国民政府在大陆遗留下来的党、政、军、财、商、学……各界高层分子的回忆录。

回忆录的作者则包括被俘的、靠拢的、起义的、志愿留下的、回归的、为人民立过功的、想跑而没有跑掉的……各式各样的人物。他们之间地位较高而受优待的——包括宣统皇帝溥仪——则被安排在各阶层的政协，拿干薪，做点文史资料工作，换言之，也就写点自己的回忆录，或写写自己所知道的别人别事。据说为此事周恩来当时曾有指示，叫各人"据实写来，不必隐讳"。

文成之后，再由各地政协的文史资料委员会编纂成书出版，专为内部参考，不许向外（国）发行，是谓之"内部资料"。这种"内部资料"，凡是住在国内和狱外的中国人都可以看，新华书店也公开发售。只是这些书都陈列在"内"室，或二楼、三楼。这些"内室"凡是穿人民装的华侨也可进进出出，要买两本也可以，只是出境通过海关时可能被扣掉。如果海关老爷高抬贵手，你也可堂堂正正地带出来。拙著《李宗仁回忆录》第一版，便是广西人民政协于一九八〇年把我的名字刮掉出版的，也是"内部资料"。第二版我的名字被复原，改由广西人民出版社发行，才是公开的书籍。

传记文学社出版的另一拙著《胡适口述自传》（哥伦比亚大学口述历史之一，《传记文学》自一九七八年八月起连载一年，一九八一年初编印成书），一九八〇年也被列为"胡适资料"之一种，改名《胡适的自传》，由上海华东师范学院出版部重印发行，也被列为"内部资料"——因为胡适还没有被"平反"。

本书之重印是"胡适资料"的主编、山东大学历史系主任葛懋春教授在纽约向我亲自说明的。我认为胡适的书，不管哪一种，如在大陆出版，对求知若渴的大陆青年都是有好处的，所以我就片面负责任地答应了，以免绍唐兄为难。

这些就是所谓"内部资料"。最近引起问题的那位美国小姐韦瑟（Lisa Wichers），据说就是看这类资料出事的。

笔者在大陆承同业之助，也看了些这种"内部资料"。其中令我最感兴趣的，当然就是上述各政协所编纂的"文史资料"了。这种资料看起来（如不看各书封面），你几乎就会把它当成刘绍唐的《传记文学》，真是趣味盎然。

对近代史有修养的读者，都可看出些门道来，所以治民国史的学者，对这两部大书，都是非读不可的。

我没时间多看，在浏览之间，最吸引我注意力的，当然是我母省安徽政协的出版品，可惜它一共只出了两本——这两本我倒细读过。笔者在战时和战后安徽教过书，也做过低级公务员，自信对当时"桂系"治下的安徽政情了如指掌，可是读过这两本小书，我才自惭浅薄无知。

举个例子来说吧。书中有一篇当年安徽政要、社会处处长、以"尖刻"出名的苏民（春伯）的自述。在文里他说他自己是个"两面派"——一面为"桂系李品仙"出力；一面又替"CC系"暗中帮忙。他原意是想拉拢两系合作，结果却是增加两系矛盾，而从中渔利！

这篇如段克文所说的"倒竹筒"的自述，倒真的吓得我半天吐不出气来！那时我们在立煌（今安徽金寨县）和合肥，谁不知道苏君是"桂系"的"死党"，"疾CC如仇"？哪个又逆料到他是"桂系"和"CC"之间的"两面派"（double agent）呢？

据此，我对"CC系"在各派系之间的"统战"策略又多了一层了解。那只会耍枪杆、跳木马的李宗仁将军哪里知道？但是写民国史的人岂可不知？！岂可不知？！

另外还有一篇某仁兄奉李品仙之命"盗楚王墓"的绝妙文章。因为此事就发生在我的家乡，当时众口纷纭，不知究竟挖出些什么来，现在这仁兄把"竹筒"一倒，读之始恍然大悟，真为之喷饭。

这些"文史资料"真把我这个学历史的读得如醉如痴。本想穷一暑假之力，把它全部读掉。可是我后来一看部头，才觉得我自不量力，还是老命要紧。

真是无巧不成书，我检点我想读的"文史资料"，数数正是二百四十二本——也正是刘绍唐《传记文学》二十年发行量的总和！

二者都是今后治民国史者的必读之书，中国史上永垂不朽之作。

不过，一个是倾"全国"之力纂修的；另一个则是刘绍唐一个人独干的！

原载《传记文学》第四十卷第一期

最大的阿Q，最凶的阎王！
——试论《传记文学》的责任
——《传记文学》创刊廿周年纪念学术讨论会讲题之七

　　我个人这次可说只是"路过"台北，恰逢刘绍唐先生的《传记文学》二十周年大庆，也真是"巧遇"。我既然是《传记文学》的长期投稿人之一，是"刘司令长官"麾下的一个"过河卒子"，在道义上、兴趣上和职业上，我都自觉有参与盛会的必要，所以我就提前两天自纽约动身到台北来了，但是我未想到绍唐居然也要拉我的夫，强迫我上台说十五分钟的话——这在当前大陆上史学界的术语里，便叫做"做学术报告"，十五分钟的"学术报告"。

　　记得远在二十八年前，那时美国的哥伦比亚大学也举行了一个创校两百周年的纪念会。他们也拉夫拉了胡适之先生，要他以中国校友身份，到电台上去做十五分钟的讲演。哥大在讲演之前一年便通知了胡先生。据说胡先生为这篇十五分钟的讲稿足足地预备了三个月，易稿十数次，最后才上台亮相的，这篇讲演最后当然讲得十分精彩。

讲演和写文章一样，是愈短愈难的。据说在中国古代，只有王安石最会写短文章——所谓"半山之文，愈短愈妙"。但是一般平庸的作家，像我自己一样，就只会写"王大娘裹脚布"，又臭又长。要写短文章、做短报告，则非得有长时间充分准备不可。为十五分钟的讲演，胡适要花三个月，那我至少也得花上十个月八个月——虽然《传记文学》只是二十周年纪念，而哥大则是二百周年。可是我收到绍唐兄的通知至今还不到三十小时。同时由于中美飞行的时差还未校正过来，三十小时有一半都给我睡掉了；另一半时间则和一些老友和新交吹牛吹掉了。所以我这次上台，可说是毫无准备——而这个大会又是专家如云的大聚会，我这样冒失登台也实在太不自量，太大胆了。但是绍唐先生老友之命不敢违，只好硬撑着上台，耽误诸位的宝贵时间，来"土法炼钢"一番，实在抱歉之至。

我个人既然在"学术"上"报告"不出什么东西，但我自己毕竟是学历史的，尤其是传记方面的历史，所以我想讲点我这行职业上的感想，请诸位指教：

我第一个感想便是我觉得我们学历史的都是一群"阿Q"。阿Q是个弱者。他被人打了一顿而无法还手，他便说今天"老子被儿子打了"。这样一想，他就胜利了。他虽然打了我，哼！我是他的"老子"、他的"爸爸"，也就值得了。

阿Q有时也要欺侮一下比他更"弱"的"弱者"——他要去"摸一摸"小尼姑。小尼姑唧咕他一下，阿Q说："哼，和尚摸得，我摸不得？！"

我们学历史，便是一群这样的阿Q！

且看我国第一个——也是最伟大的一个历史家孔仲尼先生。孔子自命为"儒"。儒者柔也，凡事不抵抗，逆来顺受。他老人家受人一辈子闲气。被人撤职，被人查办，被人"绝粮"，被人围攻，最后被人赶出国门去流亡十四年。但是他还是口口声声地"不报无道"——换言之，便是任凭人家如何欺侮我、虐待我，老子绝不以牙还牙。纵使不"报怨以德"，也要"报怨以直"——相信公理一定胜过强权。

但是这个"直"（公理）始终无法伸张，又如何是好呢？那么孔子就著书、写历史、作《春秋》。可是作《春秋》，又不敢破口大骂——只在字里行间，隐隐约约地骂人"混蛋"，是谓之"微言大义"。但是人类历史上的事实，却是"枪杆出政权"。试问自古以来有哪些"枪杆出政权"的，真正怕你吭都不敢吭出声来的"微言大义"呢？历史学家对此也有解释，他们说："哼！儿子不听老子话，又有什么办法呢？老子想想，也就罢了。"

可是阿Q却要作弄好人——像小尼姑一样的好人，所谓"责备贤者"。只有像小尼姑一样的贤者，才怕孔子的"微言大义"呢。小尼姑要维持贞操，贤者爱惜羽毛，好身后之名，所以才怕人在死后骂他，鞭他的尸。"乱臣贼子"才不怕什么鞭尸呢！所以"孔子作《春秋》，而乱臣贼子惧"这句话要改成"孔子作《春秋》而贤者惧——小尼姑惧"才比较接近历史事实呢！

我国的历史学家，自圣人而后，至司马迁、班固、陈寿、司马光到胡适之、沈云龙、黎东方、李国祁、蒋永敬、李云汉、张玉法，到黎东方的学生刘绍唐、唐德刚等等都是一群阿Q。阿Q教授，教出阿Q学生来——大阿Q教小阿Q。

从可怜的阿Q，我又发生了第二个感想——那就是别看阿Q可怜，他有时也十分凶狠，狠得像"最凶的阎王"。他在喜怒之间，有时也可把有罪或无罪的小鬼，推下油锅、丢上刀山。五殿阎罗的审判过程是十分不民主的——他那儿没有"陪审制"。只要他朱笔一划，你投人胎、投狗胎、投猪胎……上刀山、下油锅，悉凭尊便！

就拿我们的中国古代史来说吧。孔子言必称尧舜，所谓"祖述尧舜，宪章文武"。尧舜是否有其人，任何现在的历史学家都不敢乱说。至于文王、武王则确有其人。可是所谓"文、武、周公"真可跟我们的真圣人孔子相比？恐怕就很难说了！

我们读古代史，夏桀、商纣究竟坏至什么程度，文王、武王、周公是否真是圣人、完人，我个人读古书，就不敢盲从。夏桀、商纣可能是耍枪杆、运用国家机器来镇压老百姓的"独夫"，但是文、武、周公也显然是"枪杆出政权主义者"，和他们同时的两位贤者——"大学教授"的伯夷、叔齐，就分明说他们之间的内战是"以暴易暴"！再看我们现代中国洋化了，有什么国旗、国歌、国花……古代中国则有一种国树，以这种树来代表一国政权的性质。且看他们夏、商、周三代的国树又是些什么植物呢？有一次鲁哀公问孔子的大门徒宰我，在国家祭坛边应该种什么种类的树。宰我回答说："夏后氏以松，殷人以柏，周人以栗。曰：'使民战栗。'"

把这句话译成白话文，大意便是："夏后氏以松树为国家政权的象征，殷商则用柏树，周朝人则用栗树。用栗树的意思是要老百姓看到这树就感觉颤栗！"

宰我是孔门"十哲"之一，他的道德文章至少不在黎东方、沈云龙诸教授之下。他的话不是胡说八道的，是有根据的。我们不能因为他欢喜午睡，便不相信他的深厚的史学训练，否则鲁哀公也不会聘他做"国策顾问"的。

根据宰我的考证，周初的"革命政权"原来是个"使民战栗"的恐怖政权，那样的话，在叛乱成功之后，一连串的"镇反""肃反"之可怕，也就可想而知了！

但是在六百年稳坐江山之后，"镇反""肃反"的结果，公正的史家被杀的被杀，该饿死的都饿死，大家六百年都不敢放个屁，暴君变成了圣贤，历史就被歪曲了。连一个"殷遗民"的孔圣人也信以为真了！

我们如把一部"二十五史"从头读起，"不疑处有疑"，恐怕一整部中华民族史都要重写了。

重写历史，我们今日当然大可不必。将错就错，又何伤大雅呢？我个人今天来怀疑圣贤，只是想帮助说明历史家一支笔是多么可怕就是了，它可颠倒黑白、混淆是非。

司马迁出言不慎，被皇帝把生殖机构破坏了。他有气没处出，便"微言大义"一番，把"今上"的祖宗大骂一通，说他是流氓地痞，不慈不孝……甚至是个同性恋患者——下流无耻至极。其实嘛，刘邦不一定就那么坏，坏就坏在他的子孙，不该把个伟大的历史学家"下蚕室"就是了。

司马迁是个大阿Q，但是司马迁也是个最凶狠的"阎王"。他让刘邦两千年不能翻身、平反。

这种以恩怨执笔的复杂心理，不但正式史家如此，野史家比正史家更可怕。就说魏武帝曹操吧。曹操也不一定是个"白鼻子"。他说："天下无孤，不知几人称帝，几人称王？"他对阻止内战、恢复文教是有大功劳的。但是他被一些野史家——一些"刘绍唐"领导下的野史家们，糟蹋得不成样子。你看他在《捉放曹》中的表演多么可恶。

曹操在中国文学史上是有崇高地位的人，我不相信他会说"宁我负人，毋人负我！"这句话显然是"刘绍唐"的"野史馆"中传出来的，其力量与影响，是远大于"正史馆"的。

以上所说的只是贬的一面。其实褒的一面，也是一样的。就拿诸葛亮来说吧。论古今用兵，在我们心目中，诸葛亮算是第一人了，白崇禧将军绰号就叫"小诸葛"。以前湘军有个将领（是左宗棠吧）即常常以"诸葛"自命。一次他打了个胜仗，不觉得意扬扬地说："此'诸葛'之所以为'亮'也！"又一次，他又打了个败仗，弄得垂头丧气，他一个幕僚就取笑他说："此'葛亮'之所以为'诸'（猪）也！"左氏大怒，据说后来便借故把这个幕僚"修理"了。

其实诸葛亮用兵远不如曹操。陈寿在《三国志》上便说"用兵非其所长！"但是我们"野史馆的刘绍唐"，硬说他用兵是古今一人，他也就浪得虚名了。

再看我们所身历的民国史吧。我们的官史家、野史家——尤其是野史家，对一些颇有干才、颇有政绩的民国"豪杰"如袁世凯、曹锟、张作霖、刘湘、韩复榘……都有欠公平，尤其是韩二哥韩青天，简直就被人糟蹋得不成样子。其实韩青天并不就那么坏。所以我们如翻翻这部拥有二百四十二卷的大类书——《传记文学》，我真觉得刘绍唐不只是当今最大的阿Q，他也是一字定天下的大法官和活阎罗呢！

谢谢诸位。

原载《传记文学》第四十一卷第二期

杨振宁·《传记文学》·瓦砾坝
——贺《传记文学》创刊廿五周年

去年（一九八六年）六月初，一次我正挤入北京饭店拥挤的电梯自上而下时，忽然背后人丛中有一乘客伸手在我肩上敲了两下。我回头一看，发现竟是杨振宁教授。他住在五楼，我在三楼，他先入为主，便被挤在电梯的后面了。老友"异地"重逢，"他乡"遇故知，十分高兴。

振宁告诉我，他是来人民大会堂做七次学术讲演的，那一天是第七次，晚间无事，大家可以聊聊。

这次正好我的幼妹德缉亦在北京。德缉是学汽车制造的。她和她丈夫朱子智都是大陆上自制的最神气的"红旗牌"轿车的骨干设计师。二人都是高级工程师，子智更是长春第一汽车厂深圳分厂的总工程师。二人也都曾分别领队出国访问，到过日本和美国。

德缉听说我与杨振宁这位大名人有约，大为高兴，一定要我也带她去看看杨振宁，她除去要瞻仰这位诺贝尔奖金得主的风采之外，还有另一个目的——要去"问问道"，因为她的儿子朱工今次高中毕业，在吉林省会考，考了个"解元"——物理第一名；全国统考，也名列第七。

在全国大学联考中，免试升入北大或清华物理系，他选择了北大。这在今日大陆统考那种疯狂的竞争之下，简直是不可想象的。儿子既然也学物理，那么妈妈要向杨振宁请教，当然是顺理成章的——在约定时间，我们就一起晤面了。

振宁兄不弃，对德緷儿子将来学习的方向颇多指点。他们都是搞科学的，德緷的专业是电子工程。俗名"电脑"的科学就是其中的一部分吧。据她美国同行对她的推许，认为她那点点电脑知识在美国相同等级工程师的薪金至少是十万美金一年，虽然她在长春的每月工资只有人民币九十元（约合美金二十五元）。所以我这位女工程师的妹妹似乎学得也还不错。

杨兄和我这位幼妹究竟谈了些什么物理学，我已全部忘了。不忘了，那也是牛听弹琴——虽然我这位老哥自己在当年考大学时，据朋友们替我在"教育部"所查原卷，物理也曾考他个一百分。但是被一些不讲理的大主考硬扣成八十分，理由是我是在湖南区考的统考，湖南区阅卷员的分数松，所以被扣了百分之二十。这一点我至今不服，还要继续向陈立夫老伯抗议！英汉史地，您扣掉我二十分，小子何敢吭一声？但是数学、物理硬邦邦，怎可胡乱地打我折扣呢？

可是陈公今日纵使对我加倍发还，我对他二人那晚的对话仍然是一窍不通。

不过那晚振宁兄和我也谈了很多——我二人谈的却是《传记文学》。

杨振宁和我一样，也是一位"合肥老母鸡"，虽然他能讲一口带"京腔"的国语。在他得诺贝尔奖金之前，我们便在普林斯顿认识了。认识的原因，大概是我那口乡音未改的合肥话引起了他的好奇。我二人一叙，竟是抗战初期的中学同班。当年为战火所迫，他自北平、我从南京先后转学故乡。但是他父亲是清华大学的名教授，所以他在合肥盘桓不久，便转学到昆明去了，后来由统考考入西南联大。我是个乡巴佬，逃难时只好死守着学堂，在敌人的机枪声中，穿着草鞋、翻山越岭，逃到武汉。由所谓临时中学改编成"国立安徽中学"，再次改成"国立第八中学"落户湘西。后来我在湘西参加统考，考入中央大学。

我们那次逃难是举校搬家的，全校老师和数千男女青年都穿着草鞋，踢踢跶跶地跑到后方去，十分罗曼蒂克。这些当年的草鞋青年，今都垂垂老矣。前不久还有老同学女诗人阚家蓂（匹兹堡大学名教授谢觉民的夫人）填词忆往事，并寄我要我狗尾续貂，"和"她一番。我"和"她些什么歪诗，记不得了（据说家蓂还保存有原稿），但其中有两句我还记得是"三千小儿女，结伴到湘西。"这三千小儿女中，就包括了杨振宁当年的整个老同班。

振宁在校时间太短，没有参加逃亡，所有老师和同学的名字他都忘了，只记得"学生程度很整齐，老师阵容也很杰出"。我自己受惠极深而念念不忘的一些老师的名字如沈沅湘（数学）、沈兰渠（化学，绰号"老猛"，合肥城关话"某"字说成"猛"字。沈师城关人，故有此雅号）、鲍哲文、张汝舟（国文）、施伯章（英文）、刘毓璜（历史，现在还在南京大学教授历史）……诸先生他已记不清了。

后来杨兄一举成名，得了诺贝尔奖，成了个闻名世界的大伟人，交际圈一下扩大百十倍，应接不暇。这一来我们反而疏远了。不是他贵易交，而是我这位小老乡、老同学不想去找他了。理由很简单：不想"杀入重围"。像杨兄这样的名人，到任何地方，围他的人都是一圈一圈的。你想"一亲芳泽"和他握个手，就得勇往直前去"杀入重围"。花了这么大的气力，"杀入重围"，如果去和漂亮女明星接个吻，那还值得；"杀入重围"去和杨振宁拉一下手，那我就不干了。不干，就疏远了。

前年，大陆的名作家、其后出任文化部"尚书"的王蒙也曾问我，他四访纽约，为何难得一晤，我也告诉他相同的故事。这是人际关系，活生生的事实嘛。社会学家如有兴趣，把这现象概念化一下，也可得出某种某种的"定律"来。

不过近三十年来，承振宁兄不弃，在不需"杀入重围"的场合下，我们还是不时往还的。一次他身怀大批奖学金，代表"纽约州大"来招兵买马，我代表"纽约市大"来接待这位施主，并多少求点情，还把我一个学生送入州大研究院去读史学博士学位。

前不久我们又在一位朋友家见面了，那也是我第一次拜见他的老太太——杨伯母。我见她老人家，她老人家见我，真倍感亲切，因为这老人所说的话和我母亲所说的，几乎一模一样。这在故乡三万里之外，是不易听到的。

去岁我们北京之会，振宁还学他母亲用合肥话说："啊唐德刚，唐德刚，唐家圩的，唐家圩的。"（"圩"，土音读"围"）。

与振宁兄一夕之谈，使我觉得这位诺贝尔奖得主，平时我们虽往来无多，但他对我这位小同乡、老同学并不陌生——他知道二三十年来我在干些啥子——我写的那些破铜烂铁，他居然也看过，而多半都出自《传记文学》。

杨振宁这个物理学泰斗居然也是《传记文学》的长期读者，这倒使我大惊失色。在《传记文学》廿五周年纪念之时，我得向"刘传记"报告这个好消息。下次杨公莅台，"刘传记"对这位不平凡的读者，应大请其客才对。

我们北京之会，振宁兄对"我的朋友"胡适之、李宗仁虽很熟悉，但他对他老太太口中的"唐家圩，唐家圩"是怎么回事，则不甚了了，问我是怎么回事。

"唐家圩"这个古老而神秘的东西现在是在地球上消失了，也永远不会回来。前几年台北有位读者写信问我"家在何处"，我回她信说："……家在吴头楚尾，欲飞还，怕绕空梁……"那时我还是估计得太乐观了点，其实我这个"家"被挖土三尺，夷为平地，哪还有什么"空梁"好绕呢？

"唐家圩"是个什么东西呢？我原先是在其中度过童年的小主人之一，却不知其所以然。等到进了大学，学了历史，抗战末期返皖，步行通过黄淮大平原——尤其是通过一个据说是穆桂英挂帅的地方的穆家寨（后因穆氏式微，寨已换了主人，也换了名字）——我这个对社会史有兴趣的历史系毕业生，才颇有所悟。

"圩"这种东西在河南叫"寨"，在陕西或许叫"围"——毛泽东在其长征途中，就曾打过这种"土围子"——在我们江淮之间则叫"圩子"。它是黄淮一带平原之上，动乱岁月里（中国历史上，有几年无动乱？）农民聚族而居、扎寨自保的一种东西。某年"穆柯寨"里出了女寨主桂英，她看中了邻寨里一个漂亮青年杨宗保，一时芳心大动，乃带领喽啰一下把宗保掳来，强迫他做"午夜牛郎"，和一个又老又丑的女寨主结婚，那可能就是《穆桂英招亲》这出戏的本事了。

我们姓唐的这群贫下中农，又怎样扎了个"唐家圩"呢？这是中国社会史学上一个有趣的题目，说来话长，足够写篇博士论文。

其实在我们那一带扎圩子的也不只我们姓唐的一家。沈从文的丈人家的张家圩也是一个。另外还有个"刘家圩"（出了个麻子寨主刘六郎，在台湾还有个铜像的刘铭传）。另外还有个"周家圩"。合肥东乡还有个"李家圩"出了个李鸿章……真是歆歆盛哉。

华裔人类学家许烺光教授曾写过一本书叫《宗族、种姓与社团》

（Francis L. K. Hsu，*Clan*，*Caste & Club*.Princeton N. J.，1963.）来比较中、印、美三国社会结构之不同，而说明中国社会结构是以宗族为重心，不像印度人之侧重宗教阶级和美国人之着重"俱乐部"。

我们那些"寨"和"围"在以前也都是一种宗族组织。不特此也，我们合肥那些所谓大族还有个总根，这个总根据说发源于江西省的一个小镇叫"瓦砾坝"（"砾"字合肥土音读"折"）。笔者在美国参加了"旅美加安徽同乡会"。会友中凡属祖籍合肥而知道点祖宗背景的，几乎都说远祖来自江西瓦砾坝。前年访台，承现"国防部长"郑为元将军和郑曹蕙玲夫人召宴，嗣又与"旅台合肥同乡会"乡贤王秀春先生等十余人，欢叙于"国防部前部长"郭寄峤前辈家，一时风雨如晦，鸡鸣不已，欢乐无比。

郭寄老在合肥祖居距舍下才三英里（纽约市上只六十个街口），我早年便听说郭府也是瓦砾坝老移民。至于郑将军和曹夫人远祖是否亦来自瓦砾坝，我未及一问。但据我按比例推测，那天我们在郭府欢叙的十多只"老母鸡"，可能有一半为瓦砾坝之苗裔也。

瓦砾坝才是我们大多数合肥人远祖之所自。至于我们族谱上那些什么唐尧虞舜、老始祖、大名贤，都是修谱时撰谱序的文人胡吹的。在下的始祖不是什么"周成王""小弱弟""封于唐"的皇族。我唐某真正可考的老祖宗，原是在瓦砾坝耕田种地的老农民。这才是可靠的"信史"。

瓦砾坝在咱合肥前贤中被怀念了三百余年。很快地，他老人家就要在我们子孙的记忆中消失了。

呜呼，瓦砾坝究竟在江西的什么地方，吾合肥佬不知也。但是传闻异辞，故事却多着呢。

今乘《传记文学》四分之一世纪大庆，来"寻根"一番，倒不失为民族学（ethnology）上一宗有趣的研究。

话说大明帝国末年，由于政治窳劣、民不聊生——恕我用句时髦话——发生了"农民大起义"。这次大起义的头头之一便是个有变态心理的杀人魔王，陕西延安府人张献忠（一六〇六——一六四六年）。这位张大王嗜杀成性，他于崇祯八年（一六三五年）率军攻入皖北，焚明皇陵于凤阳，然后从凤阳南下，自合肥、舒城、桐城、怀宁……一路杀向湖北江西而去。沿途被他杀得赤地千里、天日无光。

张献忠杀人不是像今天左翼史学家所说那么可敬可爱——只杀地主、不杀农民。他是逢人便杀，不分贫富的。杀到后来无人可杀时，便宰杀自己的小兵以泄其杀人之欲。他从我们敝省过了一下，一路上便把老百姓杀得精光。

我们那个"唐家圩"，那时便已存在，因为地居要冲，居民住户被"张主席"杀得一个不留。原主人姓啥名谁，谁也不知道——纵使他们或有姓名文件留下，但是那些自瓦砾坝逃来的难民贫农可能也是一个大字不识。他们搬进去暂住之时，只见死尸遍地。他们搬走死尸，拿起人家留下的锄头，干起老活，就当起"中农"来了。

他们一直在等待原屋主归来，以便物还原主。可是原屋主显然已经死完了，永不归来；他们乃在新朝注册，取得产权，一住便住了两百多年。直至十九世纪五十年代，他们又碰上了一次农民大起义。可是这次起义的新领袖，没有张献忠那么凶。这些贫下中农乃自己组织起来，来个反起义，和起义北上的贫下中农火拼起来。结果起义的被反起义的打垮了。反起义的头头们，从一字不识的贫下中农，数年之内，都变成"淮军将领"，"同治中兴"的高干，并把那些"败则为寇"的王侯们的金银财宝瓜分了，纳入私囊，搬回老家，大修府第，猖獗一时。

以上便是当年瓦砾坝难民子孙的一支——也是代表性相当强的一

支——三百年来兴亡的简史，其他各支的遭遇应是大同小异的。

所以从各种史迹来推测，当年从一个不知何处的瓦砾坝集体逃亡到合肥集体定居的难民，一定是为数可观的——从几百人到几千人之多。其逃亡故事很有点像三千年前，摩西教主率领犹太难民逃亡的《出埃及记》：当他们前有大海、后有追兵，正在绝境之时，忽然上帝指点，一海中分，现出条康庄大道来，才把他们渡了过去。

瓦砾坝难民不信上帝，上帝也不救急。所幸他们人多，人定胜天。当他们碰到一河难渡之时，他们乃每人找了一块瓦砾，结果投瓦断流，便造出个瓦砾坝来，才使他们自江西安抵合肥。

他们集体在合肥定居之时，也颇像美国摩门（Mormon）教徒在教主普里翰·杨（Brigham Young，1801—1877）率领他们在盐湖城（Salt Lake City）定居的故事一样。他们数百人漂泊经年，杨教主忽然找到了盐湖城，乃大呼一声："就是这个地方！"（This is the place.）他们就住下了，一住到今天，传为历史佳话、人世传奇。

瓦砾坝难民，填河筑坝，终于找到了"这个地方"，也太富于传奇性了。可惜他们没有教主，也没有个上帝，否则他们一定也会有感恩节（Thanksgiving Day）、受难节（Passover）一类的宗教仪式出现——难民原不是好当的嘛。事过境迁，回首当年，感慨系之，便有种种的心灵反应出现了。

我们的合肥佬，既然很多都是集体逃亡、集体定居难民的后裔，他们难免也保留些当年难民祖宗的遗风。这遗风所表现的一面，便是合肥佬一般都气度甚大，不计较小节。这一点往往是其他地区的朋友们所不能及。

据说李鸿章做两广总督新上任时，他属下的司道知事等循例都得亲来衙门递"手本""请训"。这些请训小官中居然有个小知县是李的同乡合肥人。李乃以乡音向他开玩笑说："你在这里做县官做了这么久，地皮刮了不少了吧！"谁知这个小知县不太懂林语堂式的幽默，竟然顶撞说："你当总督刮了多少大地皮，就不能让我小知县刮点小地皮呀！"

这句话，漫说是那个专制时代，就在今日，十三级以下的小干部也是说不得的啊！他二人你一句我一句地撞了半天，那个小知县火了，竟然拂袖而去，抹了李中堂一鼻子灰。

这种干法，在大清帝国里是有脑袋搬家的可能性啊！然而相反的，我们李中堂却慌了起来，赶快请客赔礼，才终使误会冰释。

在这段小故事里，这个小知县的无礼，和这个总督大人的风度，都不是一般人所能做得到的。但是你如果知道他二人都是瓦砾坝难民的后裔，那也就没什么好奇怪的了。

一九八七年五月一四日于纽约

原载《传记文学》第五十一卷第一期

两千年传统私修·一百年现代企业
——庆祝《传记文学》出版三十周年献言

在三十年前，当刘绍唐先生筹备创办《传记文学》之时，为着集思广益，他找了几位军师。第一位军师便是他的北大老校长胡适之先生。谁知胡适竟是诸军师中，第一位对他做反鼓励之人。胡先生深恐财源、稿源"难以为继"，劝绍唐慎重考虑，甚或息鼓、收兵。一生以文化事业为重的胡适之先生尚且如此，其他参谋人员做正面鼓励者，也就为数甚少了。

"与人不睦，劝人造屋"

胡先生为什么对这位高足作泄气之言呢？我想大致不出如下的数种考虑：

第一，办报刊不是简单的事业。近百年来的中国，尤其过去四十年来的台湾，一百家报刊，可能就有九十九家破产倒闭。语云，"与人不睦，劝人造屋"，"与人不好，劝人讨小"（台湾更流行一句话："与人有仇，劝他办杂志"）。胡先生是位忠厚的长者，他老人家不愿意劝他的学生和晚辈造屋或讨小。

第二，那是一九六二年，也正是他劝雷儆寰先生"造屋""讨小"，把雷氏劝入大牢之后。一已为甚，岂可再乎？他怕刘绍唐也会步雷震后尘，被捉将官里去。

第三，胡先生是位启蒙大师，一切向前看。在他心目中，要办"刊"，就要办《新青年》《新潮》《每周评论》《努力周报》《独立评论》《海外论坛》一类的时论杂志。庶几能风行草偃，领导时代，而办《传记文学》则只能向后看。胡先生虽然一辈子都劝人写自传写传记，但那毕竟是个人的事，专为传记办个杂志，在他老人家看来，可能也有风险。

第四，我想在胡适的心目中，办杂志（如他和陈独秀乃至北大师生所办的）都是一种赔钱的文化事业。就拿我们后来在胡先生感召之下所办的《海外论坛》来说吧，那也是各社员，每人每月掏荷包来办的。若有青年人把"办杂志"当成个终身事业，那就太"理想化"了（idealistic）。

总之，以胡适之的个性，我们都很熟悉他的个性，他虽言必称美国，半辈子也住在美国，但始终是个"士农工商"式的中国传统士大夫——他没有学会美国人的"企业精神"。传统的之乎者也的中国文人，是办不出美国式的现代企业的，胡适之正是如此。

打烂仗的精神

就当我们在海外的一批知识分子，在几位特大号的中国文人如林语堂、胡适之的精神感召之下，也在纽约大办其杂志而焦头烂额之时——

笔者本人在五十年代就参加了三家：《天风月刊》《生活半月刊》和《海外论坛》——我发现我们的帮外却有一位华侨文化单干户。最初只有他一人，后来找到个女朋友，结了婚，就夫妻二人合干。

当初他这个夫妻档和我们的博士是不能相比的。我们上有林、胡诸大师，下有博士、硕士如云。我们各栏各版，均有大厨二厨、大副二副分工其事；他只能摆摆地摊，卖卖油条烧饼。可是十多年过去了，我们的三家大铺相继破产倒闭，而他夫妻那个小摊贩还在那儿。不特此也，它还由"周刊"变成"日刊"，由"日刊"变成"日报"——欣欣向荣。二十年过去了，以销售量来计算，竟成美东华文媒体的第一家。

三十年又过去了，更不得了。那位当年摊贩起家的小店东，居然在"枪林弹雨"之下，还是"有惊无险"。据说它的销售量，如今不是第一，也还居第二——该店东老友也。我对他适者生存的能力，真脱帽致敬。

记得三十年前，别人破产，他一枝独秀之时，我曾问过他的老搭档有关他的"成功秘诀"。老友喟然叹曰："行伍出身，打烂仗嘛！"

在美国偷生四十余年，始知在此邦各行各业中，从石油大王、钢铁大王始，直至今日，凡创业有成之一世祖，无一而非在各行"行伍出身，打烂仗"起家者也。上述老友创报之初，夫妻简直睡在铅字房中寝食与俱也。没有坚苦卓绝的打烂仗精神，在此自由竞争的社会里，一事无成也。

打烂仗要做到"人一十之己百之，人一百之己千之"。勤能补拙，俭以养廉。不怨不尤，敬业乐群。能如此，在任何自由竞争的社会里，都少不了一碗饭吃。若再遇顺风顺水，那就千里江陵一日还了。

胡适之先生少年得志，一出山便顺风顺水，风云际会一辈子。他可一辈子没有打过"烂仗"——台湾那时的官用时髦名词叫作"克难"。

胡先生一辈子没有克过难。不知克难可以起家，克难可以兴业。他老人家一看到形势不乐观，就有点畏缩了。

谁知刘绍唐却生性是个克难专家、打烂仗的好手。他没听老师的话知难而退，他认定个理想、看准了方向，夫妻不惜睡在铅字房里，坚持下去，终于闯出个传记文学的天下；在近代中国文化史中，开创出一个《传记文学》的时代来。

笔者一生碌碌，传统文人习气太重，再加上逆风逆水，半辈子偷生异域，其不灭顶者几希。但也深知打烂仗不泄气精神之可贵。"人教子，金满籝。我教子，惟一经。"因此我时常告诉家中小犬和课室中的学生，打烂仗精神之可贵。我所举的例子，自美国的爱迪生、亨利·福特，到中国的张伯苓、卢作孚……忆大学时代搞学生会，余曾作诗勉朋辈曰："作孚是吾友，伯苓是吾师。"张伯苓的南开大学，是从只有七个学生的私塾开始的。办民生公司的卢作孚，最初也只有一条小划子——我所举最近的例子，便是吾友刘绍唐了。

举国难敌一人

吾初闻绍唐之文名至今已四十年，而结为好友亦逾两稔。记得吴相湘先生约我二人茶叙时，绍唐在我的眼光里已是个大英雄和传奇人物。那时他的《传记文学》已办得有声有色，而我自己却在发愤"封笔"。

绍唐的杂志在他一人独干之下欣欣向荣，愈办愈好而一期不脱。那时却正是我们的《海外论坛》倒闭不久之后。我们的杂志则是由十多人合办，却无期不脱，而内部又争吵不休，终于倒闭。在忿激心情之下，我发愤封笔，再也不写中文了。但是在和绍唐一夕谈之后，我觉得刘绍唐总算替我们中国知识分子争了一口气。

其后我也加入了绍唐的写作班子，当一员小兵。并于八〇、八一年间往大陆教书半载。课余之暇遍访各校及书肆中所有中国近代史书，竟发现有"文史资料"二百四十二册之多。穷日夜之力读之，终不能尽。归来以手头笔记与绍唐已发行之《传记文学》相比，两者卷数竟完全相同，其内容亦极相似。虽落笔体裁不同——一为自骂，一为自捧，然其史料价值则相似也。二者允为姐妹篇。然大陆所辑，实周恩来倾全国之力为之；台湾所辑，则刘绍唐一人之力也。时值《传记文学》发刊二十周年，余乃以"一人而敌一国"为题，为刘氏传记作二十周年庆，语似惊人，实实况也。

近十年来由于两岸之竞相开放，为求史问道，余于两岸又复穿梭若干次。而在此期间，"刘传记"之宝刊扶摇直上。学术性之提升、篇幅之扩充、编排之新颖、读者作者圈（尤其在大陆）之扩大，真一日千里、一时无两。而在此同时，大陆上的姐妹篇却日渐萎缩。盖双方编纂史料之方式与目的均有不同，有以致之。

绍唐之工作只为历史存史料、为读者求读物，与政治无涉。加以近年风气开放，两岸稿源潮涌，宜其多彩多姿，誉满天下也。

承继两千年"私修"传统

经过三十年坚苦卓绝的奋斗，刘绍唐先生和他的《传记文学》月刊，现在都可说是永垂青史了——从史料方面来看，一套《传记文学》是治中国近代史任何一方面都缺不了的第一手史料。发展到当前阶段，它已经不是"永垂青史"的问题，而是青史要靠它流传的问题了。不谈任何历史，它永远是一部独自成家的大部头史书。写任何方面的中国近代史，离开它，历史家便不能动笔。其重要性有如此者。

再从史学史、文化史方面来看，则"刘绍唐"三个字，和《传记文学》一部书，和由传记文学社编纂的丛书、类书，就不只是提供史料了。他本身也已构成中国近代史学史和文化史上的专题，是史学家、目录学家，尤其是史学博士生研究和选论文专题的对象了。刘绍唐今日已经是和巴金、杨振宁等人一样，是历史上的人物。历史上的人物都是"九华菩萨"，照远不照近的啊！记得当年哥伦比亚大学在组织一个"中华民国名人传"（共选四百人）的大计划时，我把这消息告诉胡适。胡先生当即含笑问我："他们预备把我怎样写呀？"

胡氏把我问得一愣。我心想他怎么这样居之不疑呀？其实胡适这位"九华菩萨"距我太近，才有这一愣呢！胡适还不够资格在四百人之内吗？

读者们如读拙文至此而"一愣"，那就是您和"刘传记""太近"的关系。他肯定地已变成中国近代文化史上的名人。他这项名人资格是硬邦邦的，谁也抹他不掉的。

但是生为中国近代史的作者们，我们要把"刘传记"和他的"传家之宝"，在近代中国文化史上定个怎样的位置呢？

让我斗胆说一句：绍唐是中国史学界两千年私修国史的传统之下，当代最有成绩的接班人。他承继的是这个"私修传统"，不是什么"野史"。

须知当清朝乾隆皇帝修纂《四库全书》时，史部所选史籍（连存目）多至二千一百五十二种，超过当时世界其他国家所存史籍之总和。在这二千余种史籍里，出自私家撰著者，盖在百分之九十以上。即以号称正史的"二十四史"来说，其中半数以上皆出自"私修"。而"二十四史"中之精华如《史记》《汉书》《后汉书》和《三国志》均属私修。它们对朝政良窳、人物臧否，都尚能作持平之论。司马迁甚至揭发汉高祖为同性恋者，以及诸家权贵的丑事，朝廷均能优容之。迨东汉王允杀史官蔡邕时，尚抱怨"武帝不杀马迁，使谤书流行天下"。我国历史上第一部正史《史记》竟是一部私修的"谤书"，亦可见我国历代专制王朝"专制"的程度了——最近几期的《传记文学》，在许多人的眼光中，不也是一部"谤书"吗？

隋唐以后设史馆，搞国史官修。但是我国既有的光辉灿烂的私修传统，并不因官修之崛起而折腰屈服。纵使官史家如房玄龄等亦都能保持秉笔直书的史学尊严，而不愿胡乱下笔。其后史界巨擘如刘知幾如司马光，都能恪守其史官的人格；说其所应说，书其所应书。所谓"身为史臣，而私著述"，维护私修传统于不坠也。大儒如欧阳修等，感于官修（《旧唐书》《旧五代史》）之卑弱浅陋，乃奋笔重修之，卒成《新唐书》《新五代史》，同列正史。亦身为史臣而私著述之又一例也。

这种不满于官修之卑弱浅陋，而以私修补正史之不足，此风至民国初年未稍衰。民初史家柯劭忞有感于明代官修《元史》之卑弱浅陋，乃积清人所搜元代史料私修《新元史》，并由大总统徐世昌明令列为"正史"，是为正史中之第二十五史。

当然这种传统官修、私修的形式、理论、方法和内容都是属于"转型期前"（Pre-transformation）的老史学，在"转型期后"（Post-transformantion）的现代化阶段大半都要被淘汰了。但是官、私修的属性则未变也。官修是由政府和执政党控制的；私修则是有自由意志的史家，不受政府和党的直接或间接控制而自由撰述的。

按理，公家设馆修史（包括前朝史和本朝史），人多势众，财源如海，史料丰富，有求必应，有著述条件若此，写部好书，应该只是举手之劳。相形之下，私人著述，一灯如豆，儿女嗷嗷，加以官方有禁，出言不慎，动辄得咎……这种私撰寒儒，与官方史臣，如何能比？

可是天下事之可怪，实不可以常理度之。"道可道，非常道。"我国传统史学著述两千余种，竟成清一色的"私修"天下。"官修"非不夥也，只是读者不读、抄者不抄，失传而已——"刘传记"所承继的正是这个"传统私修"。

以私修补官修抗战史

传统史学中的官、私之别既如上述，按理，在学术思想大解放的今天，应该是官方说实话，私修大争鸣的时代了——现代欧美史学的确也已进入这一阶段。日本亦踵随。例如近月来的"慰安妇"问题，日本官方就被日本公正的私修史学家所迫，不得不从实招认。

一九七八年秋，笔者在康州参加亚洲史学会，乃与吴天威、杨觉勇两兄组织个"三人小组"，知其不可而为之，要来彻查"日军在华暴行"这桩历史事实。我们三位臭皮匠、"私修史家"有什么力量能扭转乾坤？我三人贸然为之者，实在是出诸一点职业上的良知良能，以"私修"补"官修"之不足而已。

谁知这是一件与民族良心有关的历史事件，一经点破，便如火之燎原、水之决堤。近十年来在海外通过一连串的"北美二十世纪中华史学会""日本侵华史学会""对日索赔同胞会""纪念南京大屠杀受难同胞联合会""抗战口述历史学会"之组织与举办的国际会议，我们对日本侵华的研究与遏阻日本军国主义再起之努力已蔚成全球的气候。近年来已向大陆和台湾回流，引起两岸"身史臣而私著述"的开明史家，甚至众多政府官吏私下的称许与鼓励。

可是从一部中华通史的内容来看，任何朝代在通史上都占不了几页。英雄豪杰的此起彼伏，更倏如白驹过隙。以有涯之生，焉可制无涯之史。历史只可歪曲、抹煞、伪造于一时，日久其真相必能大白于天下。所谓小屈必有人伸，理固然也。

笔者有幸，近十年来在开放言禁之际，曾参加过许多次有关键性的国际史学会。接触所及，真是一则以喜，一则以惧。喜的是青年史学家，正风起云涌。他们治学之认真，和"笔则笔，削则削"的态度之公正，方法之现代化，终身为史官，亦能私其著述，接受了西方史学之长，承继了中国史学的伟大传统，真是后生可畏，这一史学界的新时代，正迫人而来，可喜之极。

所惧的则是我等老辈史家，甚至是老辈读者，祖述尧舜、宪章文武。习惯成自然。胡适说得好，"不觉不自由，也就自由了。"一旦"宗法形态"结束，"民工形态"开始，中国现代化运动进入另一阶段，而旧形态的遗老，对新形态的社会与学术思想，反而不能适应，终日惶惶不知所适。——朋友，这种心理现象，并不费解。美国内战后被解放掉的黑奴，多怀念旧工人，在现代心理学上，是有其通例的啊。

我辈老知识分子，自知时代如斯，无法回头。"做了过河卒子，只有拼命向前。"在必要时，还得唱个卡拉OK与诸后生同乐一番。虽小脚放人，稍嫌不适，然能自知落伍，便是进步。张文襄公曰："不变其习，不能变法。"今日之法，非变不可。我辈老人，不变其习，岂非反动老朽哉？可不惧哉？可不慎哉？

笔者最近收到亦师亦友的吴相湘教授来函。相湘先生对在下近来与诸多后生卡拉同乐之言，甚为OK。他说笔者对军阀之评论，对兴中会之新诠，为杨衢云烈士作平反……他三十年前早见及之，不敢启齿也。那时他偶有微言，已弄到罢职、丢教、出党的程度，遑论其他？而我这位后辈华侨学人，竟敢直言无隐者，享有"治外法权"也。他老教授深为感叹，而对后学慰勉有加焉。

其实余小子究为黄帝子孙，岂能因为逋逃域外便谬论国史哉？纵能运用"治外法权"，偷安异域，若无国内出版家为之雕版发行；若无华语读者群，如吴老师者引为同调，究有何用？所以吴教授所谬许者，绍唐之功也。微绍唐"导夫先路"，突出国史私修，迈向新时代，则相湘与我，纵双双跳入汨罗河，究有何用？究有何用？

现代企业的远景

总之，近十年来的《传记文学》已从前"国府"的勋臣元老，自拉自唱的"野史"阶段，走入堂堂正正"私修"国史的新格局。

三十年前胡适警告刘绍唐说恐怕稿源财源"难以为继"。我们现在要起胡老师于南港地下，告诉他说，胡老师，稿源为什麽"难以为继"？

笔者不揣冒昧，趁此三十大庆，要向老友"刘传记"，略献刍荛：足下今日已是国际名流、历史人物。《传记文学》在中国近代文化史上的重要性，亦不在当年的《东方杂志》或《国闻周报》之下，其或早超过之。但是截至目前为止，贵刊仍是个体户。个体户是中产阶级的小细胞也，非中产阶级之栋梁也。

现代化的大企业，它是个"中性"的工商文化事业的综合体——提高社会生活水平和文化教育程度的最主要的推动者——真正的"国之栋梁"也。

这种大企业，以打烂仗的家庭工业为起步，是顺理成章的。漫说美国当年的诸"大王"（如石油大王洛克菲勒、铁路大王哈里曼、汽车大王亨利·福特等等）和日本的三菱、三井、丰田、日立都是如此。纵是今日美国文化事业的翘楚，亦无不如此。亨利·卢斯的三大杂志（《生活》《幸福》《时代》)由家庭工业走向现代化企业,如今已经到了卢斯王朝第三世了。余每路过那高逾五十层,富丽堂皇的"时代与生活大楼",未尝不脱帽致敬也——楼太高了,仰首而观之,不脱帽,帽子就要掉了。

美国《霍斯特报系》如今也超过三代了。创报至今百余年的《纽约时报》,新老板即位还不足一年,已经是第五代了。他们是父子兄弟女儿女婿,从老令公到八姐九妹的小男人,大伙儿一道上阵的。父子党的大出版商的斯克里不纳(Charles Scribner),也是父子上阵,今日仍是红遍一时。

以上是家庭工业延续的实例。至于父老子不干的工商业,也是由董事会继承大业,十世不斩——这就是现代化的主旨所在嘛。以毕生经历,闯出个天下,如果一世而斩,那就太可惜了——《传记文学》今后应该足有一百年现代企业的宏运。

《传记文学》宏基已奠,前程似锦。吾将见巍峨堂皇、高逾五十层的"传记大楼"于上海滩上。

绍唐其勉之!

——一九九二年六月十五日晨八时五分
于美国新泽西州北林寓庐

原载《传记文学》第六十一卷第一期

又是一部才女书

——读何庆华著《红星下的故国》

前世不修，今世生为一个百无一用的"读书人"。自呱呱坠地、牙牙学语以来，便与读书结下不解之缘。及长，十载寒窗之后，又靠读书教书来养家活口。读了数十年的书，跟读书先烈胡适之先生一样，养成了"读书习惯"——日常工作便是读书；工余消遣，则是读另外一种书。总之，一年三百六十五日，一日二十四小时，很少时间不在读书，真是作孽。可是偶尔到图书馆书库之内张望一下，还是要大惊失色。这满框满架的数百万卷典籍，我究竟读了几万分之一呢？

读不了那么多，就只好选书而读之。既选矣，才知道选书也要有相当火候。上下五千年，绕球十万里，前贤后哲，该出了多少书？你选而读之，尤其是工余之暇，为着消遣而读的"另外一种书"，该选张三的书呢，还是李四的书呢？

别的不说，就谈游记这一类的书吧，那也是汗牛充栋的了。漫说"开卷有益"，且管"趣味盎然"，要选起来，也是很不容易的。因为自二次大战后，无烟工业兴起，旅游成为时尚；加以交通发达，经济复苏，因此不管生张熟李、赵大哥王三姐，动不动就环球数周。世界上的十大都会、七大奇迹等等，一到旅游季节，无不挤得人山人海。近年大陆开放了，每年大陆上"入境"的游客数跻千万，而百分之八十以上仍是"华裔"。因此长城上下、故宫内外、泰山之巅、西湖之滨……"台胞""美籍"也随处都是。

在这些人山人海之中，才子佳人又多如过江之鲫。大家畅游归来，放录像、展照片、设野餐、开讲座……正如我安徽农村的土话所说："乡下孩子上过街，回家说得嘴都歪。"有文采、有才气的仕女，就更要笔之于书，以飨同好。这样一来，游记览胜之作也就读不胜读了。

我个人穷酸，游兴不大，但也是个老游客。在海外逋逃四十年，地球也绕了好多圈。在什么七大奇迹、十大都会的人山人海之中，也挤出挤进多少次。近年大陆开放，做"华侨"，做"美籍"、做"外宾"……也东南西北跑遍神州，进出十余次之多。但是不论中外景观是如何赏心悦目，风俗习惯是何等奇特古怪，我终不敢以所见所闻来写一本"唐霞客游记"，也不愿背个大照相机去猎奇览胜。为什么藏拙呢？无他，只是自觉我不如人而已。我照的那几张癞照片，比起我在礼品店所买的，是实在见不得人了。与其自己照，何不花钱买呢？

至于写文章，我哪能和旅游"指南"相比呢？要动笔，那我就要做文抄公了。"天下文章一大抄"，我还未抄，就已觉得肉麻兮兮的了。算了算了，烂文章也就不必写了。记得我曾看过一篇由一位政要所写的印度沙伽汗皇妃古墓（Taj Mahal）的游记。我也很欣赏那座七大奇迹之一的古墓。但是看过那篇文如其人的游记之后，我再也不敢肉麻效颦了。不但不写，我对类似的文章也懒得选读了。最主要的原因还是大家去的都是一些热门的地方，翻来覆去，有什么好谈的呢？这是我个人历年选读"三上"（枕上、车上、厕上）之书的一种成见。一直到最近，无意中读了本书作者何庆华女士的著作，这成见才逐渐消除。我理解到，纵是热门地区的游记还是有许多可读的。其关键不在"热门"与否，重点还是在作者其人，其风格、见识、学养和文笔。我们对天下任何事物，都不应以偏概全，存有成见。

何庆华女士原来并没有要我写序，这件差事是我自己惹来的，因为一次我当面夸奖她游记写得好。她看我所说的不像是油腔滑调的违心之言，乃叫我写一篇序。在下糊口番邦，是个大忙人。平时为着公务、杂务、家务、外务弄得片刻不暇。最近更为"北美二十世纪中华史学会"在纽约市大召开国际会议，我负责打杂，弄得一分钟空闲也难抽出，但是会后杂务未清，我还是赶写了这篇序。我觉得这也是一本好书的读者的一种道义。读者们看完好书，欣赏之余，每每还要写篇"读者投书"。我的序也不过是"读者投书"的另一种方式罢了。

篇前已言之，我原对读热门游记有成见，何以又读起庆华的故国之游呢？诚实地说，我原先本是无心拜读的。我开始翻阅实在是为她文题用字的典雅所吸引的，例如"溪口蒋宅旧时样"这个标题就吸引了我的注意力。我是在当年大陆上教过高中乃至大学文史的酸古董教员之一。我那时在文学班上讲述和批改学生习作的旧诗词时（写旧诗词在那时代不是什么稀罕的事），我总是告诉学生说："曲可以有词味，而词不可有曲味。诗可以有词味，而词不可有诗味。"这种风格问题，说来容易，领悟至难。上选之例"溪口蒋宅旧时样"，便是"有词味之诗"的好例子。

写旧诗词和作新诗歌的重大分别之一，便是作新诗可以不顾旧汉学，而写旧诗词则必须有深厚的汉学底子——这是所谓"典雅"的基础。出手带"俗气"的旧诗人，往往是汉学底子不够的缘故，有汉学底子不一定能写好诗词，可是能写出好诗词，则一定要有深厚的汉学底子。

庆华的标题出手不俗，标志着什么呢？这就使我另眼相看了。

我认识任先民夫人何庆华女士也有二十多年了。我知道她是"国府"当年的高官之女，美丽大方的大家闺秀，大学毕业，享有硕士以上学位，却能歌善舞，聪明活泼的小贵族；更是满口标准英语，遍身西式礼节，却又"三气"俱全，来自台湾的女知青。"三气"者，台湾亲友笑我旅美女同胞"说话洋气、花钱小气、穿衣土气"也。正因有此"三气"，她更是位所谓留美学人最理想的配偶，第一流的家庭主妇，极标准的贤妻良母——四十年来我所认识的这一类小贵族也有好几打吧。我这位不修边幅的老"弗兰克林"，也是她们所熟识的倚老卖老的"唐大哥"。有许多我们更是有三代之交的通家之好。可是在我动笔写这篇序文之前，说句老实话，我向来没有把这些"小贵族"和什么"汉学"连在一起的。和她们跳"迪斯科"卖老命，不算稀奇；谈北京狗、波斯猫，有声有色；谈股票，间或有之；谈"汉学"，"Oh，no"；说有"洋气"的夹英华语叫"十分incompatible"；掉文，则叫作"风马牛，不相及"也。

有一次一位从贵族小妹告诉我说："我们在中国都是衣来伸手、饭来张口的废料啊！到美国都变成有用之材。"她这话说在二十多年前，真是有绝对的真理。在物质享受上说，什么花园洋房、冷气汽车、雪柜淋浴……那时台湾高官巨贾的享受，也正是美国中产阶级的普通生活，可是台湾的小姐太太们，婢仆如云，可以衣来伸手、饭来张口，一到美国，则立刻得卷袖入厨房，洗手做羹汤，从丫鬟做起，把"贵族"的"废料"留在台北了。等到结婚生子，抓屎抓尿，甚或为补贴家用还要兼职打工。如此，则"贵族之气"全消，就"有用之材"毕露了。

在一个落后的国家内，"材料"往往变成"废料"；在一个已发展的社会里，则"废料"往往变成"有用之材"。这位贵族小妹的话，虽甚平淡，在社会学、经济学上，有时却可变成"定律"。

我感到歉疚的是，我们任、唐两家交往二十多年了，我始终没有把这位甜蜜美丽的任太太和"汉学"发生过任何联想。

"汉学"者，我辈老朽昏庸的教书匠不得已而用之的吃饭工具也，与这些洋化了的小贵族，何有哉？所以我在没有睹其文之前，只是看到一些小标题，竟使我惊异不置。由于标题的导引，我才慢慢地触及正文。一读正文，竟然放不下去，乃开始找该文的上下篇。越看越欲罢不能，四处搜寻，才读完全书。在书中我看到她曾在台北"中国文化大学"教过"大一国文"，我这才松了口气，喟然叹曰："原来如此！"——我又认识了一位才女，读了一部才女书。

才女和名士一样，往往都是一些行为异常、服饰古怪的特殊动物，如胡适在杜威酒会中所见的"长头发的男人、短头发的女人"等等。可是我现在才发现的这位才女任夫人却是位一切与常人无异的贤妻良母——真是名士才人也可过个常人的生活嘛，何必一定要弄得脏兮兮的呢？！

作者教过"大一国文"，可不简单啊。此事我也有切身经验。

我自己大学毕业后第一个职业便是教高中文史。我知道高中课目中最难教的便是"国文"。因为其他各种课程如英数理化，都有其整齐划一的客观标准，唯独"国文班"中的程度是参差不齐。程度坏的坏到仅能阅报，好的则"四书""四史"都能整章背诵，唐诗宋词俯拾即是，五才子书更倒背如流，诗词习作亦往往出手不俗。有些程度好而好调皮的学生，甚至在有意无意之间，使老师下不了台。记得我在读高二时便有位老师把"考信于六艺"讲错了而丢掉饭碗，高三班上以写小品出名的老师也一去不返。

我在重庆沙坪坝读书时，也有位在邻近中学教"国文"的长辈常把他班上的作文卷送到我们宿舍来，请求代庖。当年四川各中学多半都是英文太鲁、"国文"太好。记得有位川生在考大学的英文考卷上作了一首诗。诗曰："英文、英文，对你无情。我是毕业了两年的师范生。怎能比得上下江人？悲夫哉！被摈出了大学之门。罢罢罢！买舟东下杀敌人。"

这位仁兄在大一英文班上肯定要缴白卷了。可是在"大一国文"班上，你可得防他一手啊。

等到我自己当起"国文"教员来，体验就更多了。在一个"高二国文"班上，我出了个什么"杂感"一类的作文题。一个学生在他的作文卷里，竟然写了一篇可圈可点的骈体文。有一句说"……红墙在望，平添思妇之愁……"他这平仄两读的"思妇"一词是一语双关的。表面上的意思是"悔教夫婿觅封侯"的"有愁思的妇人"，另一个调皮的意思则是"想讨老婆"。我校的女生宿舍的墙是红色的，所以他说他一看到女生宿舍，就想在里面"讨个老婆"，混账不混账呢？我还记得我的批语，用的也是骈体，针对他的意思，教训他一顿。我说："……胡马犹存，应笃守治（平声）平之志。匈奴未灭，恶可动思（平仄两读）妇之吟。少壮真当努力，君其勉旃！"我用的也是双关，教训他"匈奴未灭，何以家为？"抗日期间，不可乱想"讨老婆"。

当时我们师生两造的对话，都流入社区，传诵一时。我这个青年老师，总算未被学生拆掉蹩脚。后来我教大学，这一类的故事就说不完了。

现在大中学的"国文"程度是远不如我辈在大陆当年了。但是班上还是时时有"小鲁迅"出现的。被一两位"小鲁迅"拆了戆脚，你这位老师在校园内也是不好受的。所以"大一国文"没有三板斧是教不了的。何庆华教授的三板斧，在这本游记中是俯拾即是的。我想，有心的读者自会同意拙见。

何庆华教授这本游记所写的不是"七大奇迹"或"十大都会"，她所写的是"红星下的故国"。这个红星下的故国，对我们关了三十多年的门，一旦开放，她对我台港澳同胞和海外华侨来说，处处都是个谜团。但凡作者去过的一些热门的地方，我几乎也都去过。我去的次数比她多，访问的地区也比她广，她所熟悉的人，如她先生任教授母省湖南高干，几乎我也全认识。而我这个对看游记一度有成见的读者，为什么偏偏把她的书读得如此起劲呢？这就不能不说说我的理由了。我的理由，其他读者也许会有同感。

第一，我想是风格使然。在文学上，风格是一个作者的先天禀赋、后天修养和不经意的环境陶冶的综合表现。禀赋是不可学的；修养则看功力深浅；环境陶冶，则有幸有不幸，是偶然的。文学、艺术乃至任何学科，各级峰峦的攀登、成就的大小，都要看这三项配合的程度。本书作者对上述三项都有相当高度而十分调和的配合。三项之中有一项过分突出，或过分落后，都会影响一个作者的风格。有好风格，才有高级的可读性。

可读性是用眼睛来读。如果用耳朵来听，也可说有"可听性"吧。例如我们听贝多芬的交响曲、梅兰芳的《霸王别姬》……都是百听不厌的。百听不厌的原因，不是因为它们新奇，而是原作曲者和表演者的艺术修养配合得好。

同样的，一般文史教师在课堂上重复司马迁或荷马所说的老故事，有的就说得恍如身历其境，有的则说得味同嚼蜡。同样的内容，何以霄壤若是呢？这就是各教师的口才问题了。口才是表达能力之一种。这种表达能力往往是天赋的，是不可效颦强学的。可是一个教师只有口才，而欠实学，在课堂"说鼓书"说久了，也会倒胃口的。

胡适之先生可以说是中国近代教育史上最优秀的教师，就是因为他对上述各条有最高度和最调和的配合。

本书各篇所以有优美的风格和高度的可读性，也就是上述各项有良好的配合。至于作者所特有的环境陶冶，而使记述中表现出强烈的"个性"，这就标志出本书是何庆华的游记而不是徐霞客或老残的游记了。

这本书的另一优点因此也就是它有"个性"，而不是一般的"报导文学"。

不幸生为我们这一时代的中国人，是各有其"不幸"之处。不幸而遁逃海外，朋友，我们哪一个人没有一本难念的经。捧着这本难念的经，在"乡音无改鬓毛衰"的条件之下，再回到你生长的地方，你情感上能没有强烈的反应？笔之于书，这强烈的反应，就是你书的"个性"了。个性如何表达，那就看作者的表达能力了。

作者是湖北随县人。她的爸爸何成濬老将军一度是"湖北王"。漂亮活泼的小庆华也曾是那个"香格里拉"王宫中的"白雪公主"——多么令人艳羡的小公主啊！小公主旅居海外已二十余寒暑，如今哀乐中年，跟着丈夫，拖着个鲜卑语胜于汉语的儿子，又回到"生长的地方"。那当年"笋满床"的"香格里拉"不见了，眼前所剩下的只是一些"青苔碧瓦堆"。看今朝想昔日，"呀！这一堆黑灰，是谁家炉灶？"

当年的"小公主"、今朝的"外宾"任夫人，身历此活的"哀江南"的遭遇，感慨又何如呢？她把这最深的感叹，用最浅的语言说出来，这就是一本有"个性"的游记，而不是普通的"报道文学"了。

我不是湖北人，但是武汉在我的生命史上也有其难忘的一页。不妨也写出来，比较比较。

那是一九三八年，抗战第二年的盛夏。在一个月明星稀的三更时分，我和数百名自陷区撤出的难童，跑下拥挤的小轮船，进入武昌城。那儿是无枝可栖的，我们乃被领到黄鹤楼前。楼是锁着的，但是楼前却有一大片花岗石铺的广场，那就是我们临时的宿营地了。

这营地干净清爽、高高在上。上有清风明月，下有浩浩江流……就在这诗情画意之间，我们这群孩子便呼呼大睡了。我一觉醒来，觉得身上暖暖的，原来已日高三丈。揉眼四顾，发现周围全是人腿。我就睡在人腿如林之中，有的腿还在一摇一摇，有的腿却往来不停地跨我而过——真是奇特的经验，一生难忘。

原来这广场本是个露天茶馆，夜晚打烊收市后，桌椅板凳则被搬入黄鹤楼中锁起来，早晨开市再搬了出来。显然是这天我们睡得太熟了，开市时老板叫不醒我们，就在我们身上开起茶馆了。那时武汉好热闹啊！到处人山人海，所以我才看到人腿如林的雄伟场面。现在的青年实在太娇惯了，哪能体会出我辈当年弹雨枪林下的罗曼蒂克的流浪生涯。

一转眼五十一年过去了。今年四月十五日，我随同星云法师的"弘法探亲团"，乘着豪华游艇"峨嵋号"，从宜昌顺流而下，又在同一地点登陆了。黄鹤楼自然也是我们必游之地，

现在这座翻修的新楼，朱栏黄瓦，新式电梯，建筑虽难免俗气，然耸立于龟蛇之间，上干云表，俯瞰三镇，也算是美轮美奂的了。可是正当星云师徒和从游之士七十余人，上上下下观览景色、诵读楹联之际，

我却一人低头彳亍于楼前广场之上——我要寻觅我曾睡过的那一块石头。方位大致不错，我再蹲下去看看来往仕女的大腿，碰碰下面的石头——真是石板如旧而人腿全非！是悲伤，是凄凉，竟一时无法说出。同行记者小姐宋芳绮要我作首诗以志感慨，我就应命打油一下。诗曰："机声弹影忆当年，曾在楼前石上眠。黄鹤既飞不复返，谁知今日又飞回。"

我这只飞回的"黄鹤"，原是个难童；而本书中飞回的"黄鹤"，却是个"公主"。难童当年所见的武汉与"公主"当年所见的武汉，当然是两个不同的武汉。今日对重回武汉的感慨当然也有不尽相同之处。她看见她失去的武汉，我看见我失去的武汉，再加上星云师徒那一群，更不知道有多少个不同的武汉呢。

作者多情，在我所知道的这一大群访客中，只有她以生动的文笔、丰富的记忆力，娓娓地写出动人的篇章来，作为时代的见证而使我一读再读。

当然我们华裔作家写大陆游记，只在情感上打圈圈是不够的。已故的美籍华裔诗人刘若愚教授在归国探亲诗中说："残家事物皆为泪，祖国河山尽是诗。"

祖国河山本身固然是"诗"，而我国文明的特点之一，则是有数不尽歌颂这个"诗"的诗人、学士和画家——三千年来自屈原而后，我们知识分子的聪明才智，都在此道之中消耗掉了。值得不值得，留给我们的功利主义者去慢慢检讨吧。但是这些消耗了的精力，却为我民族文化留下了他族所未有的、大量的美好诗篇——我国传统的诗、词、歌、赋。这项先贤遗产，也把我们这个民族变成了诗的民族——三千年来，何人何事、何山何水，没有被诗人的感情衬托出来？

山河之美好，万年不变也。才人情感滋多，而类别无殊也。赏山玩水、伤时惜别……哪一项感情，在我国传统诗文中找不到最美好的表达？所以中国人旅游中国和世界人旅游世界，最大的区别之一，便是中国人旅游中国，对传统的文字，尤其是诗词，要有相当的修养，才能得其三昧。

就拿西湖来说吧。西湖者，泥塘一块也。在自然环境上，它未必胜过台湾"日月潭"。若比起北美国家公园里的一些不太知名的小湖，则瞠乎后矣，无法相比。而西湖毕竟是世界级的名湖之一。何也？其美在中国文学之中也。设使西湖而缺"苏"（东坡）"白"（居易）；设使西湖而缺雷峰塔、灵隐寺、许仙、青白蛇、苏小小、岳武穆；设使西湖（在文学上而非景观上）删除三潭印月、平湖秋月、断桥残雪、楼外楼、保俶塔……则西湖者，一池臭水而已——西湖水太浅，有时且有臭味。西湖之美者，美在文学诗歌、爱情神话衬托之也。

毛泽东酷爱西湖，以己度人，甚至用专机把美总统尼克松也送去共享一番。尼克松哪知道什么苏小小、青白蛇呢？除去这些中国文学上的美好篇章，老实说，西湖的景观，可能抵不上纽约市庞大的蓄水池。尼大总统又到蓄水池里去看了些什么呢？

所以，在中国旅游，写中国名胜游记，一定要对中国旧文学、旧诗词有相当了解，否则"巫山云雨""水漫金山""四大名楼"等等，不都成了对牛弹琴？

何庆华教授这本书的可爱处之一，也便是她游览名胜，伤时忧国，而能对这些名胜、这种情感的文学背景有深度的修养和陶冶。在她有感而发之时，能把传统的高度的表达技巧信手拈来，嵌入文句，无不恰到好处。这表示她对旧诗词不但熟稔，且都食而化之，才能不露斧凿之痕。这种自然流露、杂糅新旧的文笔，断非矫揉造作之文可比。

吾友鹿桥（吴讷孙）说过他父亲教诲他说，生为现代中国的知识分子必须精通一两种外国语文。这真是时贤训子的名言。我古老中国经史子集、诗词歌赋，独步天下也。但它毕竟只属于一个传统，而这个传统在现代世界里早被西方赶过了头。异族文明中多少好东西，在我们中文里还是找不到的。我们如果习惯于抱残守缺，而不知道自己是井底之蛙，就太可悲了。要冲出这口井，四顾无碍，就要对一两种外文（尤其是英文）有相当程度的掌握。加以我们自己的文学传统太迷人了，一旦深入这个字纸篓而不知身在篓中，就易于沉入酸腐而不能自拔了。

何庆华这位"大一国文"教师，传统汉学的底子有可观的融会贯通。可是她在大学本科的训练却都是以外文为主的国际外交。我认识她伉俪这么多年了，我想，以她个人的学养、口才、仪表，去吃她的第一行饭也会吃得有声有色的。舍第一行而改行第二行，就更是锦上添花了。

搞人文学科的原则原是与搞自然科学不同的。搞自然科学的，务必求其精专，搞人文科学的一定要能博能约。要约也得由博返约。人文学科的对象是"人"嘛。以"人"为对象的学问，怎能只知其一而不知其二呢？我想庆华洋洋洒洒的文风，毫无酸腐之味、毫无矫揉造作之习，这与她中西文字的造诣都有关系，值得读者钦羡，值得亲友们为她骄傲。

我承认一个读书人，入者主之，出者奴之，对其阅读诗文的好恶，是有个人主观的，我爱庆华之文、心笛（作者等创办白马社时代的女诗人）之诗，可能都是个人主观使然。但是和我有相同好恶的，可能也大有人在。至少，刘绍唐先生就是我的帮主。刘公在他那尺土寸金的《传记文学》中不但把何文一登再登，并把作者在别处所发表的文章也一选再选，加以转载。"刘传记"除了"选家"之外，也是位出版家呢，一选再选恐怕还有点生意眼光吧！他知道好之者众也！

一九八九年七月一四日法国大革命二百周年
于北美新泽西州北林寓庐

原载《传记文学》第五十五卷第三期

父子之间

——殷志鹏博士编著《三地书》序

老朋友殷志鹏博士给我一本书稿，要我替他写一篇序。我收到他的稿件已经两年多了，却一直没有动笔。事忙人懒之外，还有一层原因，使我迟迟握管。那便是我觉得这是一本很不平常的书——也可说是一本奇书吧。我读后竟为之掩卷叹息，甚至沉思流泪。

几十岁的人了，一生所经历的生离死别、国破家亡之痛，几乎是与生俱来的。经过这种波涛风霜的人，在感情生活上说，也可算是槁木久枯、铁石心肠了。但是读完这本书，竟为之默坐垂涕，也可说是很不平常了。我认为我应该为这部奇书好好地写篇序言，好好地想想，然后慎重下笔才对。又有谁知道，一个事忙而又不善于支配时间的人，"慎重"却变成了"拖"的借口呢！？

这是一本怎样的奇书呢？且让我慢慢道来。

这本书本质上是一本书信集——是一位居留在中国大陆的父亲殷福海写给他那位在外漂泊的儿子殷志鹏的信。这位父亲在他们父子分别后的二十六年中的十三年——其中另外的十三年他们失去联络。一共向他那旅居在台湾、伦敦、纽约三地的儿子，写了一百六十九封信。现在这位父亲过世了，他的儿子在他的一百六十九封遗书中，选出了九十一封刊印在这里，作为纪念：公诸大众，也传诸后世。

写家书，然后出集子，以便扬名后世，这本是我们中国传统文人的老玩意，没啥稀奇。不过这些老玩意，原只限于名流学者和党国要人的。一般平民百姓是根本不会想到来干这种无聊之事的。而这本奇书之所以为奇，便是它的主要作者——殷福海——却是中国社会上，普通而又普通的平民。用一句当今大陆上所流行的术语，这位殷老先生的"阶级成分"只是一位"市平"（城市平民），或"市贫"（城市贫民）。讲一句美国土语，在社会上他实在只是个"nobody"。

福海老先生一辈子只受了些极起码的所谓旧式教育，读了一些《儒林外史》上听说的"三百千千"（《三字经》《百家姓》《千字文》《千家诗》）一类的书；年长时再自习一点《四书》《五经》和《古文观止》，来个经世而不致用。

这样出身"市平"的老人家，他一辈子也不可能会想到要于身后出一部《殷文正公家书》来教训教训他那得了双重博士的儿子和媳妇的。他只是生有书法天才，写了一手工整的小楷。所以他一辈子也就靠替人家写字、抄书、写公文过日子——在那中文打字机还没有普遍流行的时代，做个司书、录事或缮写员等最起码的小职员或公务员，来养家活口。

这种录事一类的工作人员，在抗战前那比较安定的社会里，靠升斗之俸也还可勉强免于饥寒；可是在抗战后期和胜利之后，那种物价一日数变的恶性通货膨胀的社会条件之下，就难以为生了。据我个人所知，在战后南京各机关就有这样的职员因贫病而自杀的。其中一位留给他妻子的遗书便只有短短四个字说："××，我自私了。"

这一阶层的公教人员，在南京易手之后而沦为失业的"市贫"，其境况就更不堪想象了。殷福海老先生便是这样一位滞留在南京的"市贫"。

在我国百事皆无保险的传统社会里，一个苦难的人或家庭，他们心里所寄托的最大期望，便是有个有造就、有前途——尤其是能升官发财的"佳子弟"。一旦"刘公得道"，他们纵不能"鸡犬升天"，至少也可免于饥寒。这一期望也就是我国传统中"有子万事足"和"养儿防老"等心理状态所滋长的社会背景。这种传统落后的社会经济制度不改变，而要强制执行男女婴平等的"一胎制"，狠心的父母就要选择"溺（女）婴"的残忍道路了。结果女婴死绝，男婴宠坏，其后果就更不堪设想了。

本书的主要作者殷老先生，那时便是个有四个儿子的幸运老人。他甚至无力能把一个儿子抚养成人，并受完满教育；但是儿子的自动成长，却变成他老人家，其后领不完的退休金，和开不尽的金矿。本书编著者殷志鹏博士便是老人的次子。在一九四八年的冬季，当共产党军队渡江前夕，南京"岌岌可危"之时，他撤离老父和两个幼弱的弟弟，与长兄随军撤往台湾。这时的殷志鹏博士还只是个十五岁的孩子！

照常情来说，一个十五岁的孩子，在兵荒马乱之中随败军而去，对一位父亲该是如何沉重的心头负担。他的饥寒衣食、生死存亡，为父的能不日夜心焦？殊不知在那个濒临饥饿边缘的岁月里，一个十五岁的孩子，竟成为挨饿老人的唯一的希望。在南京的父亲，开始向在台湾嘉义的儿子告急乞援。这样便开始了这本《三地书》中的"一地书"——南京向嘉义所写的信。

从一九四九年一月廿七日起，到同年四月十二日止，两个半月之内，殷老先生向儿子写了十封信。这十封信的性质，大致和其后一百五十九封信都差不多，在内容上是"一边倒"的——老子要饿死了，儿子赶快寄钱来。

殷福海是位很传统的中国父亲，向儿子要钱，视为当然。殷志鹏也是个很标准的中国儿子，虽然只有十五岁，他也认为节食事亲是义无反顾的。

在这两个半月，共产党军队渡江前夕，这位殷老先生活命之需的"金圆券"，便是他儿子在嘉义所得的微薄的"台币"工资换来的。

这位殷老先生也是位多产作家。在他向儿子告急求救之外，他也告诉了我们南京在共产党军队进入前夕，惊心动魄的社会情况。这些毫无虚假、实人实事的小市民的生话状况，岂是一些作伪成性的"官书"和那些自吹、自捧、自骂的"名人回忆录"中所能找得到的？！

看官信否？莫瞧殷福海是个小"市平"，他所无心写来的这本小书，才真是一本奇书呢！让我们且抄一两段来看看。

> 小部共产党军队已达浦口。所隔者，长江也。据云陆路只十五华里即达首都。性命付诸于天！南京物价波动，说出来真要吓一跳，猪肉一百元一斤，青菜五元一斤，食米已达一千七八百元一担，糯米每石三千二百元尚买不到。汝可将肥皂卖了（志鹏去台时曾带了些肥皂想贩卖图利），连同薪饷合并寄来父用……
>（一九四九年元月廿七日）

来信有一二日内发二月份薪饷，发下望速交邮寄来……现在私米已升至三万元一石。京地情形，日趋险恶，炮声隐约可闻。满街散兵游勇，漫无秩序……满街流民图，触目惊心，干戈何日才能结束？呜呼！涉笔至此，能不凄然流汪？

……！！

见信速将钱寄回应用。（三月九日）

此次官米早晚应市，要三万元一斗……多多寄钱来……（四月十二日）

以上是一位留在南京的爸爸，告诉他逃往台湾的儿子，南京易手前两个半月内社会生活的实况。就食米一项而言，已由一百七八十元一斗，涨至三万元一斗！

你如住在那儿，你如何活下去？

这位住在南京的殷老先生原也活不下去；他能活下去的原因，是他还有两个赚"台币"的儿子。可是当他发出第十封信之后不久，共产党军队就进入南京了。台币来源断绝，这位无依无靠的老人，带着两个无母的幼儿，究竟怎样地活下去，就连他那流落在外的儿子也无从想象了。

大陆与台湾断邮已二十四年了，但他们殷家父子之间只断了十三年。在这渺无信息的十三年中，这位殷福海老人并未饿死。他究竟是怎样活下去的，在他们父子恢复通信之后，老人并未直说。这或许是不愿伤儿子的心，也或许是传统读书人的"头巾气"。但在蛛丝马迹之间，我们知道他老人家最初还在一个佛教机构内以抄经为生。不久他就失业了，四处流浪，甚至露宿。两个幼儿保不住了，被收入儿童教养院。其后幼儿又夭折，连入葬的破棉被也被"盗墓者"偷去。

殷福海自己呢？他隐约地说，一度曾寄住于"群丐麇集之所"（一九六三年十二月十三日信）。在这些群丐之间，那位写得一手秀丽小字的殷老先生，是群丐之间的"丐"呢？抑为"群丐"之外的特殊分子呢？那就费人深思了。

但是不管怎样，这位殷老先生是活下去了。活下去的原动力，可能是他还有两个流落在外的儿子，他相信他们是孝顺的。有一天他们还可能继续接济他。这一天殷老先生总算是等到了。

殷志鹏是我的好朋友。我比他年纪大，幼年也比他环境好。可是他是个好儿子，而我不是，照大陆上的新标准来说，他的家庭出身比我好。所以我父亲所受的苦难也比他父亲所受的大。而先父既没有向我写过一百六十九封要钱的信，我主动地接济他也远不如志鹏。想想死去的父亲，我自愧不如志鹏远甚。子欲养而亲不在：我心疚、我落泪、我泣不成声。我不怕说，我哭得很丢人。

再回头说说殷志鹏。

那个十五岁的孩子，在台湾嘉义且工且读，由中学而大学，而考取公费，留英、留美，终于获得哥伦比亚大学的博士学位。学位读完后，正如他父亲所说的"大小登科一齐来"，又娶了一位和他有同等学位的美貌娇妻廖慈节小姐。这虽是他自己苦学的收获，但是一个安定的环境，能让苦学青年有上进的机会，也是功不可没的。

志鹏于一九六三年飞抵英伦之后，居然又和失去联络十三年的父亲联络上了。父子消息重通，对那无家而失业的苦难老人说来，真是喜从天降。自那时起，直至一九七四年他们父子重聚，乃至两年后老人弃养之前，父亲又给儿子写了一百五十九封信。这一百五十九封信，自然还是和最先的十封信一样地一边倒——向儿子要钱，只是随儿子的上进，略为升级罢了。再节录一封殷福海老先生在一九六七年中秋前夕所写的信：

儿允许父到（中秋）节寄钱，但等到八月十四日信款皆不到，不知是何缘故？你要孝心到底，贯彻始终。进了八月，一天天盼信，一直望到十四日，父才写信。父已经急疯了！整天魂不附体、麻木、废寝忘食。见此信，速寄钱来，以度晚年生活！

殷志鹏那时是一个在海外打工的穷学生。我自己也是打工过来的，知道打工谋生的滋味。在这种且工且读的千钧重压之下，三天两天便要收到一封贫病交加的老父要钱的信，什么"婴儿望乳"，"不寄钱来父必饿死"等等严厉的需求，一个人不为此发疯才怪呢？

志鹏没有发疯，他是撑下去了。撑得老父亲夸奖他是"纯孝"——这个封号真是比博士学位还要难得。

后来志鹏读完博士了，又结了婚，老人的生活要求自然也就水涨船高。在一九七三年元月廿三日在给儿子和媳妇的信中，老人就说，"日常生活，非肉不饱，非帛不暖"了。这个时候的殷福海老先生显然自知已是"博士公"的"老太爷"。而这个博士儿子和博士媳妇，当然也不会使老人失望。

他们殷氏父子之间，经过二十六年生离死别和艰难困苦之后，总算有个父子重聚，最美好的收场，令人欣羡！

读完《三地书》之后，我不能没有相当的感慨和感想。

这位殷福海老先生只是一位很传统、很普通的中国父亲。家贫多病，赖子媳反哺过活。而他的不普通之处，是他在十三年中，向流落在外的儿子居然写了一百六十九封信——封封要钱，封封都写得那样力竭声嘶！

而真真不平凡的却是这做儿子的殷志鹏。他在那十三年中打工、读书、成家、立业、得博士，并承担了这样沉重的一百五十九封家书，而没有发疯，而继续所学，而同时也能仰事俯畜，不改旧观，为老父赞为"纯孝"！

我认识志鹏已二十年了。如记忆无讹的话，我可能还是他博士论文评阅教师之一。他生了副乐观的baby face，见任何人，总有一番充满真诚的微笑。我们聚会的机会并不少，但是我们向未谈论过彼此的家事。一直等到我看完他这本《三地书》稿，才知道他那微笑的面孔之后，却负担着这样沉重的父子之间的感情压力。

现在这位殷福海老先生是长眠地下了。他如死而有知，应该为子孝孙贤，而含笑九泉。回读先人这一百六十九封遗书，志鹏博士应该也会感到祭薄而养丰，没有愧对先人，真是存殁无憾。这件事对一些抱恨终天、存殁两憾的人们说来，他们殷府父子，实在太令人羡慕和崇拜了。树欲静而风不息，为之奈何？！

最不平凡的还是志鹏这位贤夫人，廖慈节女士。她是个受美式教育的女留学生和收入有限的小家庭的主妇。她的美国教育和知交近邻的熏陶，使她怎样能接受这样一位无穷无尽要求的father-in-law，而不和丈夫吵架、出走，甚或闹离婚？这虽是她个人秉性纯厚、伉俪情深使然，但却是我们所谓"留美学人"圈子里的奇迹。

君不见"悔送儿女去美国"的老作家乎？！他们所说的故事，我们所见所闻还算少吗？！

想不到沙漠之内也有绿洲。对殷志鹏夫妇这对文化班超，我真是从内心中发出无限的崇敬和羡慕。

不过话说回头，殷志鹏的品行，也不是我在海外所见到的唯一的例子。以前我就认识一位四十未娶而日夜操劳的华侨洗衣工。问其日夜忙迫，所为者何？他说是汇款回唐山养家。在国内的双亲弟妹，就靠他这一只熨斗过活。汇款养家是他生命上最大的意义，也是他工作中最大的安慰。后来双亲亡故，他失去了汇款的对象，也就失去生命的意义和工作的活力。

"侨汇"是我们祖国外汇的最大来源之一。但是又有几个人知道这笔财源的文化动力？！

中华民族的成员里，为什么产生了千万个像殷志鹏夫妇这样的华侨呢？学社会科学的人应该把这一现象"概念化"（conceptualize）一下。

原来我们三千年文明古国传统之中，是充满了无限的"国粹"和"国渣"的。但是这亦"渣"亦"粹"之间，却同垂不朽，玉石难分。君不见我们那个"起自人间贱丈夫"的"小脚"，还不是裹了一千多年！我们善于讨小老婆的多妻制，和搞"君君臣臣"的愚忠、愚孝，不也是流行了数千年？在这黑白难分的文化蒙鸿里，我们胡子一翘一翘的"卫道之士"，往往就以"渣"为"粹"。

须知"国粹"和"国渣"之别，便是前者经得起考验，而后者不能。因此当两个以上不同的文化，发生了接触和相互挑战之时，"国粹"和"国渣"就泾渭立见了。真正的"国粹"，不但我们自己会不自觉地（像殷志鹏那样）起来誓死保卫，其他的文化中有识之士——如今日新加坡那些受纯英式教育的领导人们——也会发现其优点，而自动来学习、模仿。这就是所谓"文化交流"和"进步"（progres-siveness）的真正含义。我们大多数华侨靠它过活的"唐餐"，便是一种"国粹"。它毋待乎大师小师们来"发扬"，自会在国际间不胫而走。我们的"裹小脚"就是个"国渣",尽管它已有千年以上的历史,它一碰到另一个文化的挑战,自会立刻"放大",而归于消灭。

"唐餐"和"小脚"之别,就是前者在"文化交流"中经得起考验,而后者不能!

殷志鹏夫妇,和成千上万殷志鹏型的华侨,他们都不是"孔孟学会"的会员,他们也没有唱过"保卫中华文化"或"发扬固有道德"的高调。但是他们那种不声不响、不为人知的个人行为,却为我们东方文明,延续了一项最值得保留的父慈子孝的精华。试问殷志鹏夫妇之行,有几个满口"固有道德"的卫道之士和他们的夫人们、子女们能做得到?!

笔者去岁应聘去新加坡,看到那小国家今日已成为一个讲英语的世界。李光耀说得好,我们要吃饭,就非讲英语不可。青年人不谙英语,势将啖饭无术。可是在这个漫天蔽海的英语狂潮之下,我却发现一大批能说流利英语的华文作家、诗人和教育家。他们在东西两大文化冲突的夹缝之中,在兵败如山倒的溃退之际,坚守着零星的孤堡,在继续其抗战。他们对幼年时期所受的华文、华语教育,只感到珍惜和自幸;而对职业上的不便,却无丝毫自怨自尤之意。我目睹这些文化班超,不惜其杀身成仁的苦斗,真觉他们的孤臣孽子之心可泣可歌。

奇怪的是,这种现象只有在中西两大文明短兵相接的新加坡才看得出。在中国大陆及中国台湾、香港地区和美国却渺无踪影。

这些文化班超们为什么要这样坚持苦斗呢?这正和殷志鹏夫妇,为什么要那样刻苦地去奉侍殷福海正是一个道理。在当今这个东西两大文明相激相荡之下,二者原是优劣互见的。抱残守缺的乡愿和一味洋化的"香蕉",都是误国误族的。文化竞争之间,亦自有其优胜劣败的轨迹。优良的传统是埋没不了的。段志鹏这本书，就是一本具体的注释。

一九八三年八月十六日于北美洲

原载"传记文学"第四十三卷第三期

王莹是怎样"回国"的

前几年在大陆的"伤痕文学"里，曾看到三十年代电影红星王莹被江青残杀的消息。最近在台北《传记文学》（第四十五卷五期）上，又看到作家李立明对王莹身世更详尽的报导。但他们都没有说出王莹夫妇是怎样地从纽约回去的，知道的人似乎有义务补充一下。

王莹和她的丈夫谢和赓与我在美国也有一段交情，而且这交情相当不平凡——因为我和和赓曾在一起做过两年"书童"（page boy），一道"落难"。

记得四十年代出国之前，我曾在安徽立煌县的安徽大学之内，当了一名最小的讲师。那时我自己就雇了一名书童供我使唤。一次，我约了安大的一些男男女女到敝庐去欢度重阳。既然有个"书童"，我这个"主人"只要一声招呼，则不用烦心，诸事齐备，因而"登高"如仪——青年才俊、莺莺燕燕，尽欢而散。

那时我还年轻，比现在风雅些。登高之后，我还作了些歪诗分赠同游索和呢。歪诗中有一首七律，一开头就提起我的书童来。诗曰：

呼童收拾度重阳，权把书香换酒香。

相与登临浇块垒，平分秋色入诗囊。

··················

为着侍候诸仕女"登临浇块垒"，我那书童被我使唤得头动尾巴摇。我二人感情弄得不错，简直如兄若弟。但是根据"封建道德"，我们毕竟有主仆之分。我既是"主人"，他免不了就得做我的"勤务兵"、我的"小厮"，我的"闹书房"的"茗烟"……他得为我做"倒夜壶""擦皮鞋"的"下男"。但是我的书童乐此不疲，到我出国前夕辞退了他时，他还哭得如丧考妣呢。

有谁知道，天道好还，未出三年，沧桑几变，我在美国也当起了"倒夜壶""擦皮鞋"的"下男"了呢？更恼火的则是我的"主人"远没有我那"书童"以前的主人礼贤下士、有人情味。

我碰到了个女上司，她是个神经质的老处女，动不动就杏眼团圆，弄得我走投无路。但是为着吃饭，又不能随意卷铺盖，真是有愧须眉。幸好林语堂大师那时在纽约办《天风》杂志，他要我写稿。我没处出气，乃借林公之酒杯而浇我之块垒，把我的女上司请出来，幽她一默、阿Q一番，出口鸟气。

我那篇《女上司》，一开头是这样写的：

在一个明朗秋天的下午，我拿了一封学校人事室的介绍信，去见我的新上司。这儿是一个伟大的法科图书馆……我被我的新上司接见了。这个新上司是个碧眼金发、风韵犹存的女人，她的名字叫格雷小姐……一见之下，我便衷心自庆，因为我这次碰到了一个可爱的上司。她看过了我的介绍信，微笑地问我说："你的名字是怎样发音的？"我反复地说了几遍，她也牙牙学语地说了几遍，可是她总说不好，她皱了皱眉头。"你就叫我汤姆好吧！格雷小姐。"我急中生智，取了个洋名字。她听了之后大为高兴。于是从这时起，我就是我上司的"汤姆"了……（按：唐德刚先生《女上司》大文已收入传记文学社出版《五十年代的尘埃》一书）

在这篇诉苦的文章里，我没有再写"第二天"。其实第二天一早九点整我来上班时，那第一个指导我的老书童"大维"，中文名字就叫"谢和赓"。我的《女上司》大文，也是他后来唆使我写的。

他那时穿了一件灰色工作服，推一个大书车，对我笑脸相迎。我二人既是那个大机构中，仅有的两个"支那曼"，互通姓名之后，用不着再问"尊庚几许？仙乡何处？"人就一见如故了。他告诉我他的"番号大维"和我的"洋名汤姆"，"命名"的仪式是完全相同的。

大维为人和蔼，见人总是笑眯眯的。我虽然落难，也倒不悲观，颇能逆来顺受——大维胖嘟嘟、我瘦嶙嶙。嘻嘻哈哈，一对劳莱、哈台，颇为相得。

我二人不但作息时间相同，连上午咖啡、下午茶也都同出同进，简直形影不离。大维汉文比我好，善于口占一绝。一次我二人正推着书车鱼贯而行之时，大维烟丝披里纯一动，七步成诗，口吟一联曰：

莫叹"排吉"志气小，
推来何止五车书！

乖乖！口气好大。大维正道出我两位"排吉"（page boys）的凌云壮志，终非池中物也。

日子久了，我才发现大维不只是胸怀大志，将来要治国平天下，原来他早已是个大人物了——他和当年所谓桂系一批风云人物，如李宗仁、白崇禧、廖磊、夏威、黄旭初、李品仙诸上将，都相知甚深。对桂系二级领袖如程思远、韦永成诸公，那自然更是称兄道弟了。照大维这样有历史背景的要人，现在居然也跟我一道当书童，来"倒夜壶""擦皮鞋"，我真是既荣幸，又惊奇，又惋惜！

可是车子一天天推下去，我发现"惊奇"竟一个接着一个，不断地迫人而来——原来大维还有个老婆，而这老婆还是个"女作家"，这"女作家"正在写小说；这小说还要拍成电影！

在这行发展上，大维原是他老婆的助手。有时助手的问题解决不了，我就被招募成助手的助手。

有时问题出现了。例如："七七事变那天是星期几？"

对这种问题，我这位助手的助手，往往可脱口而出。脱口不出，也可一索即得。可是女作家有时也有些难题，卒使助手和助手的助手都瞠目不知所对。例如："太古轮船的大餐间，从上海到芜湖，票价几何？"为此我二人都傻了眼。

"大维，"一次我问他，"你老婆为什么要写小说？"

那时是一九五一年啊！在纽约写中文小说有屁用？！

"我们要译成英文，然后拍电影嘛。"大维认真地说。

"好莱坞要替你老婆拍电影？"我不免认真地吃了一惊。"谁替她翻译呢？"我又追问一句。

"赛珍珠嘛。"大维微微地笑一笑，又说，"赛珍珠鼓励她写自传式小说，然后翻译出来，拍成电影。"

"赛珍珠，那位诺贝尔文学奖得主，替你老婆当翻译？！"我几乎把茶杯打翻。我又问，"你这位老婆是谁？"

"她是个电影明星嘛。"大维又笑一笑。

"哪个电影明星？"我立刻追下去，"白杨？白光？"

"她是王莹。"大维回答得很平淡，但显然有点得意的味道。

"那个演《赛金花》，和蓝苹抢主角的王莹？！"

"……"老谢未答腔，只是傻笑笑。

在下是个守不住秘密的人。不久"David's wife"是个中国电影红星的新闻便传遍全馆。我们的女上司，和保罗、玛丽、亚蜜达等小鬼，也都嚷着要一睹风采——他们还未见过中国的电影明星呢！

但是我们这位老谢总是神秘兮兮的。他金室藏娇，连我也不让见一见——但生性好奇的鄙人非得见她一下不可，因为他们就住在另外一条街上，相去咫尺。

一次散工之后，我忽然瞥见他夫妇二人自哥大校园经过。机不可失，三步两步我便追了上去，并大叫"大维、大维……"

这一下大维不得已停了下来，总算把"汤姆"向"赛金花"介绍了一下。

王莹和我微笑握手，并稍表歉意地说，她早该请我到谢家便饭"……您是和赓这样好的朋友嘛……"

我把王莹仔细端详一下。她虽徐娘半老，也并不太美，但倒是蛮可爱的；可是总和银幕上的王莹有点不一样。

我又想到《赛金花》在上演时，观众向戏台上丢汽水瓶的故事，心中颇有些异样的感觉，这感觉至今不忘。

他们谢家那时住的是纽约市曼哈顿区西一百十五街。这座房子还在，我现在也还在这栋房子中不时出入。因为这栋名人名居，现在又住入我的一对明星朋友——夏志清和王洞。

"大维·谢"和"约翰纳·三夏"（Johnathan Hsia）一样，二人都很开朗，胸无城府。只是一提起他的老婆，他就神秘兮兮起来。

那时我们都还年轻——一位年轻的"书童"，要去拜候另外一个"书童"朋友的老婆，另外一个"书童"本是无法拒绝的。但是有时要请他二人小酌，甚或喝咖啡，大维不只是婉拒，简直就硬是不干了，他开门见山的理由便是"你太穷"。

但总算承他的情，他也约我到他公寓喝过一两次短暂的咖啡。至于保罗、玛丽他们，乃至我们的女上司，就无此特权了。

话说大维终因年资积功升迁，也因为他人缘好，我们一起做了两年，他就升级了——从"排吉"（page boy）升成"书写员"（lettering clerk），用白漆在洋书背上写号码。

其时我们的工资是七毛五一小时。升级后，大维就拿八毛了。两个五分钱在那时可乘一趟地铁——所以加薪五分钱也不无小补。

大维不推书车了。他现在有个比电话亭略大一点的办公房。办公房内除"文房四宝"之外，还有一部只打进、不打出的电话。更奇怪的是，他这个小office只有乘书库电梯，才能上去。这个只能乘一两人的老爷电梯如失灵了，则大维时常几个小时下不了楼，万一有火警，那真不得了。但是大维对他的小天地却甚为欣赏——这一下他可以真正地隐居了，不时还可接一接老婆打来的电话。

大维调职之后，总馆人事室又送来一位中国同学亨利·王来补大维遗缺。亨利是我在沙坪坝的同学，我二人当然也能如鱼得水、阿Q非凡了。

一次我和亨利正推着宝车，在大阅览室内鱼贯而行，忽然看到两位衣冠楚楚的中年白人走到借书台前，说他们要见大维·谢。在我们有经验的眼光里，一看就知道他二人是来自联邦移民局的特务。

"他们是移民局来的！"亨利·王说着便停下车子，我也跟着停下，一看究竟。

在借书台上工作的亚蜜达姑娘喜气洋洋地打了个电话给大维，说有两位绅士要见他。不一会，大维便乘着电梯下来了。看到这两个特务，他一愣，脸上立刻变了色。

那二人倒十分镇静，但面露凶光，低声而带煞气地说："我们来自移民局！你跟我们走！"

大维面色惊慌、声调僵硬地说："你让我上去换件便服好吗？"因为他穿的还是校中的工作服。

这时亚蜜达也慌了，帮着恳求那两位特务说："大维的办公房就在楼上，你们让他去换件衣服嘛。"

大维这时固然慌作一团，亨利和我也出了一身冷汗——这是一幕"秘密警察抓人"的实情实事，不由得不使你感到阴风惨惨也。

大维上电梯之后，那俩家伙在下面等了半晌未见他下来。再叫亚蜜达拨电话，而电话那边居然没人接——原来我们这个电梯虽"老爷"，它却上通天堂、下通地狱呢。大维换了衣服之后乃乘电梯直上五楼。那儿有个后门，大维乃自后门溜之大吉。

那两个特务心知有异，一声未响，便匆忙掉头而去。

大维溜走之后，乃径自返回自己的公寓去了。谁知那儿早有两部汽车在等着他，夫人也已端坐车内。大维一到，两个大汉乃自左右挟之登车，两车绝尘而去。

大维和他明星夫人被捕的消息很快便传遍全馆、全校。上下同事为此事都怒不可遏——美国一直都自吹其人身自由，也自觉是世界上最具"无恐怖自由"的民主大国，孰知现时现报，当场便表演一出"特务抓人"的活剧给你看看。

这幕活电影演得太刺激了，馆内美国同事在义愤填膺之余，乃组织一个"大维·谢夫妇后援会"，招兵买马，大家到移民局前去扛牌示威，三大电视台也为此事做现场广播，闹出个偌大的茶壶风波。

我们在电视内看到我们的女上司，对访问记者几乎说得声泪俱下，围观的群众也一致痛骂移民局特务是"猪仔"和"法西斯"，而移民局发言人则在电视上说他夫妇在美搞"共产组织"，非驱逐出境不可，各执一辞，互不相让。

当谢和赓兄解衣上楼之时，那是我和他的最后一面。后来的"援谢团"，亨利和我都不能参加，因为我们不是"美国公民"。洋同事们甚至拒绝我们一同上电视——怕我二人"自投罗网"云。

看到"伤痕文学"和李立明君在《传记文学》上所写的有关谢、王夫妇的文章，当年这幕美国"特务捉人"的活剧顿时重现眼前。

王、谢二人是因"共产"嫌疑而被美国移民局逮捕递解出境的。又谁知可怜的王莹回到祖国之后，却惨遭蓝苹的报复与迫害，死得那样可悲——这话又从何说起呢？

谢和赓兄据说现在还健在大陆。他如看到这篇拙作，我想他也许会称赞我这个学历史的未说半句假话吧！

一九八五年二月五日写于纽约市立大学

原载《传记文学》第四十六卷第三期

白马社的旧诗词
——重读黄克荪译
《鲁拜集》

　　在五十年代的中期，我们有一批以打工为生的文艺爱好者，在纽约组织了一个"白马文艺社"。为表示我们并不"落伍"，所以我们"创作"起来，真是"诗必朦胧，画必抽象"。可是我们那时毕竟"去古未远"，多少保存了一些"落伍"旧习——有时也谈些旧文学，有时也以旧形式从事创作和翻译。

　　斯时落草纽约，来领导甚至镇压我们这批小鬼的大王，便是胡适之先生。他坚决反对我们以旧形式从事新创作。但是我们这位大王本身，也相当矛盾——他一面彻底地反对死文学、旧文学；一面又时常吹牛，说他们搞文学革命的那一伙人（梅光迪、任叔永、陈衡哲等等）作的旧诗词都很"acceptable"（过得去）。他并强调说，如果没有那样acceptable的习作水平，批评、甚至欣赏旧诗词，都是很困难的！

　　受了胡大王打破锣的影响，同时震于胡、梅、任、陈等的盛名，我们白马社里只会做些unacceptable（要不得的）旧诗词的伙伴们，偶尔写写，就只能躲在"衣橱"里，不敢公开"亮相"了。

如今三十年过去了，重新翻翻白马社当年的作品，再读读目前对旧形式并无习作经验，而好以中国旧诗词来和西洋诗歌做比较研究的学人的作品，胡适地下有知，恐怕更会骂他们"王小二过年，一年不如一年"了。

我想适之先生当年的这"一个坚持"：没有习作经验，便很难批评旧诗词（尤其是带有职业性的批评）的见解是确有其道理的。这一点，我想能搞点"仄仄平平、平平仄仄"的朋友们都会同意的。

其实我们那时伙计们的诗词，今日再偶尔翻出来读读，我倒觉得他们的作品并不比胡适之、任叔永、陈衡哲他们的作品unacceptable到哪里去呢。相差的是他们对文学发展所起的影响，前者太大，后者太小甚至没有罢了，而不是作品本身的艺术水平的问题。

吾友黄克荪（君衍）译的《鲁拜集》，就是个例子。

什么是《鲁拜集》呢？《鲁拜》（Robaiyat）原是十一二世纪间（中国北宋年间）波斯大诗人奥马珈音（Omar Khayyam，1048？—1122）所写的四行诗（Quatrains）。这个鲁拜诗集，经十九世纪英国维多利亚诗人费兹（Edward Fitz Gerald，1809—1883）译出了一部分。费兹本人是诗人，他的重加润色的译笔所翻出来的英译《鲁拜集》可能比波斯原文更美。这样一来，作者以译者传，奥马珈音这位中东作家就晋身世界诗人之列而名满天下。各种文字的译本也就相继出现。

波斯（今伊朗）是个弱小落后的国家，精通古波斯文的外国学者太少了。"奥马"先生既然出了名，大家来翻译他，泰半以"费译"为蓝本。我国新文学兴起之后，青年人赶时髦，也就根据"费译"来从事汉译了。中国第一个翻译《鲁拜集》的，便是那位"创造社"骨干的郭沫若。"费译"既然是润色而译之，"郭译"（一九二二）就更是为润色而润色了。

这个《鲁拜集》，即是四行诗——第一、二、四行押韵，它简直就和我国旧诗中的绝句差不多。郭沫若的新诗自有其见仁见智的创造体，郭的旧诗则乏功力，甚为"打油"。以打油旧诗加奔放新诗来译《鲁拜》，倒是个理想的拼凑。郭沫若本是个"流氓才子"，加以润色翻译（所谓衍译）又没有什么太大的忠实与否的问题——所以有鬼才的郭沫若此译颇为成功。其后国人还有几种译本，都抵不上"郭译"。一直等到黄克荪时代，他才对"郭译"不满（郭氏对"费译"也欠忠实），而要再来个"黄译"。

克荪是我们白马社的四五个发起人之一。他那时才二十七岁，已拿了物理学博士学位，在麻省理工学院教书，住在波士顿，时常自波城赶到纽约，来参加我们几个所组织的一个小型朗诵会——他来的目的自然是一石双鸟（有个美丽的女朋友在纽约嘛）。另一个发起人吴讷孙则来自耶鲁，年久了大家都记不清楚，后来心笛写了一篇怀念白马社的文章，就把讷孙和克荪混到一起去了。我最近找出克荪送我的《鲁拜集》，才又想起卅年前的旧侣，一切又如在眼前了。

克荪广西荷城（贵港）出生，很小就随双亲移民到菲律宾去了，是个不折不扣的小华侨。他后来到美国读物理，是位拿奖牌的高材生，留在MIT教书。但是他性喜文艺，所以就和我们这几位"企台文人"合伙了。

他那新译的《鲁拜集》，用的是"七绝体"；一九五六年在台湾出版。在那个"沙漠"年代里，我不记得有什么书评提到过。那本自费付印的小书全是我们那小伙儿"自斟自酌"的小出版品。"唱戏抱屁股，自捧自！"我们几个小喽啰，自己认为"黄译"比"郭译"好！

郭沫若那时正在大做其"机内机外有两个太阳"——好不神气呢！

我现在无意中自乱书堆里找出克荪三十年前送我的小书。我也无意再来个"唱戏抱屁股"，替他补写个"书评"。我只觉得这是一本很好玩的小书——它代表我们那个时代写旧诗词的水平不是什么acceptable，但也不是什么unacceptable。

旧诗与新诗不同。旧诗的好坏，是有其一目了然的"客观标准"的。不像新诗，它的好坏，有时要靠"投票选举"。

以下是黄译《鲁拜集》中，我所爱读的几首。抄出来，请同好把玩：

鲁拜集题诗　三首

草绿花红夏又深，满天星斗读珈音。
赤蛇头对苍龙尾，指点微茫天地心。

结楼居士最多情，重谱波斯古笛声。
伊览一城花似雪，家家传诵《可兰经》。

留得诗心伴玉壶，珈音仙去酒星孤。
一千年又匆匆过，生死玄机解也无？

译诗十四首（选自全集一〇一首）

醒醒游仙梦里人，残星几点已西沉。
羲和骏马鬃如火，红到苏丹塔上云。

不问清瓢与浊瓢，不分寒食与花朝。
酒泉岁月涓涓尽，枫树生涯叶叶飘。

闻道新红又吐葩，昨宵玫瑰落谁家？
潇潇风信潇潇雨，带得花来又葬花。

一箪疏食一壶浆，一卷诗书树下凉。
卿为阿侬歌瀚海，茫茫瀚海即天堂。

玫瑰周遭向我开，嫣然浅笑更低徊。
"看侬一解柔丝蕾，红向千园万圃来。"

红花底事红如此，想是苌弘血里开。
一地落英愁欲语："当年曾伴美人来。"

为卿斟酒洗尘缘，莫问明朝事渺然。
我便明朝归去也，相随昨日七千年。

地狱天堂说未真，恒恒贤哲几多人。
玲珑妙口今安在？三尺泥中不复闻。

辜负高人细解蒙，希夷妙语未全通。
此心本似无根草，来是行云去是风，

浩浩天门瞬息开，千秋蝼蚁浪疑猜。

云山几度成沧海，造化红尘游戏来。

曾司北斗与招摇，玉历天衡略整调。

纸上淋漓纵醉笔，勾除昨日是今朝。

碧落黄泉皆妄语，三生因果尽荒唐。

浊醪以外无真理，一谢花魂不再香。

天赐人间自在身，形骸放浪是元真。

此生哪有他生债？未向苍天借一文！

弯弯壶嘴似蛾眉，手做泥壶为阿谁？

随手捏成随手碎，到头还是一堆泥。

（《瓮歌集》选一首）

一九八五年七月七日于北美洲

原载《传记文学》第四十七卷第三期

纽约东方画廊观画记感
——十大画家，永不再有

我的朋友李宗仁（德邻）将军，在抗战之后，出任当时国府主席的北平行辕主任，手握重兵数十万，治下直辖五省三市，真是威风八面，一人之下，万人之上了。可是李公虽官高爵显，但是为人谦和、礼贤下士。那时的平津实是全国"高知"的精华所在，而这些高知的精华几乎全是李老总的入幕之宾。李上将在中南海、怀仁堂一带的帝王故宫之内，三日一小宴、五日一大宴。一时斯文翰墨，都被网罗殆尽。大家对这位功高国族而平易近人的上将，也确是心悦诚服，极具好感。

有一次，李氏特备一席盛筵，把当时名满东亚、身居故都的"中国十大名画家"邀于一桌，闲话家常——其时应约而来的计有徐悲鸿、齐白石、傅抱石、溥儒，可能张大千亦在其内——真是集中国艺坛一时之盛。众来宾对主人伉俪的盛情，也确是心感口服。酒酣耳热之余，主人乃着人取来画具，由十大名家即席联合挥毫，完成两巨幅松石花卉的中堂，呈献李德邻将军和郭德洁夫人以为纪念。

斯时、斯地、斯主、斯宾——从任何角度来看，这两幅巨制都是中国画坛千古杰作，永垂不朽！

　　至于这十大名家，轮流执笔，何人画松，何人画石，十余年后，李公侃俪在纽约示我，今日我已无法记忆。但我却记得一株花卉上的一只蝴蝶是出于齐白石之手。据郭德洁夫人告诉我，白石是最后执笔之人。他把全画端详了一会儿之后，忽然提起笔来，在一朵花卉之上加了一只蝴蝶，笔头只稍稍"点"了几下，为时不过数秒钟。

　　我为什么把这件小事记得如此清楚呢？原来郭德洁那时也有心学画，她在客人离去之后，乃把这两幅画，仔细看了一下。她嫌白石那只蝴蝶翅膀稍为短了一点。她乃调墨润笔，把白石蝴蝶的翅膀加长了一些，使它飞起来更为有劲。

　　后来李公侃俪隐居纽约时，李夫人无事时乃找了些中国画家如汪亚尘等，来教她画一些花鸟虫鱼。一次她兴致很好，乃把当年那两幅中堂取出给我们欣赏，她尤其欢喜谈起她那段"加工"的故事。

　　我们看画之余，我记得在郭德洁背后，画师汪亚尘先生等，总难免暗暗摇头，嫌他们的"女弟子"把这幅名画糟蹋了。

　　可是细观两画之后，我却提出不同的看法。

　　我认为这画没有被糟蹋，相反的，经郭德洁这一"加工"，这幅画反更有韵味了。因为我是学历史的，和他们搞纯艺术的看法又略有不同。

　　我记得我当时曾告诉几位摇头艺人一则故事：

　　在大唐开元、天宝之际，唐明皇讨了一位美丽而天真烂漫的贵妃杨玉环。那时正值天下缺钱，户部乃奉旨加铸新钱。一次，铸钱局向明皇进呈新钱的蜡模时，正好玉环妃子随侍在侧。她一时好奇，乃用她两个手指把这蜡模捡起细看一遍。她这一捡不打紧，她的指甲乃把这蜡模两面印上了两记"贵妃爪痕"。

这个后来铸出贵妃爪痕的"唐代古钱",竟变成古钱收藏家的收藏对象——有爪痕的往往价值巨万,远非无爪痕的所可比。

　　这一故事可能是后来好事者所编造的。但是纵使是"小说",这则故事也是很美的。

　　郭德洁夫人那样一位活生生的美丽而天真烂漫的上将夫人,如今已久眠地下,可是她遗留下的当代中国艺坛无价瑰宝——十大名家的联作——将永留史册,而这幅名画也将因郭德洁的"加工"而更有情调,更具诗意,也更有市场价值。

　　上述这段小故事,可不是笔者编造的。已死的张大千、还活着的汪亚尘和李公夫妇的众多亲友、部属乃至他们的两位公子,都可作见证的。

　　李家这两幅中堂,属于"先生"的那一幅,竟为李氏以三百元美金售去;属于"夫人"的那一幅,今亦不知何往。往事如烟,我时常冥想,若有画廊能把这两幅十大名家的作品找出来展览一下,那该多好。我相信出三百元贱价取得李氏那幅名画的幸运买主,现在可能还在纽约。他如能取出这幅国宝来,让我们再多看一眼,在他该是件多福多寿的善举,在笔者该是多么日夜渴慕的眼福啊!

　　这两幅十大名家合作的精品,今虽下落不明,所幸无独有偶——这次纽约的"东方画廊"却能选出近百年来中国的十大名家各自的精品来分别展览。当年替李宗仁将军夫妇所联合执笔的十大名家,除悲鸿、白石、溥儒、傅抱石(或许包括张大千)之外,还有哪些人,我虽不能记忆,但我敢断定"东方"所展十人之中,有一大半是当年怀仁堂的座上之宾。思往事、感前贤,我这个有历史癖的后生,真对"东方"之展,一往情深,而流连忘返。

　　我国传统国画之所以可贵,之所以令鉴赏家入迷,其道理正和看传统京戏一样，它有一种古典美，而这古典美的最高表现，已到此为止。今后一切都成了"广陵散"，从此绝矣。

看京戏，我们只能看到"四大名旦"为止。但是京戏正和西方的歌剧一样，它还会继续唱下去的。可是梅郎一死，京戏里就不会再出个梅兰芳，那是任何京戏爱好者都可肯定的。

何以如此呢？

那是社会学、文化学上重大的问题。寻根究底，那就说来话长了。

国画亦然。张大千和张大千同辈的十大画家或八大画家一死，传统文人画的发展，也就"到此为止"了。因为张爱和他的同辈的几位杰出的画家，都是"时代的产品"和"社会的产品"。这"时代"、这"社会"，一旦过去，这项"产品"，也就永不再有了。

传统的京戏世家，他们对唱戏的看法是：一哭、二笑、三白、四唱。"唱"是四项之中最容易的一项。

画传统文人画亦复如是。通常所谓诗、书、画，而三者之中是"诗难于书，书难于画"。因为国画的上品是"意在笔先"，而诗、书皆以"意"为主。有图像而无意境，则是工匠之画，非文人之画。张大千说，"除匠气，去俗气"的先决条件是多读书，所谓多读书便是多读古典"线装书"。

我们不可否认，今日的社会上，仍然有一些未脱俗气的诗人墨客。其所以不能脱俗的原因，便是缺少传统文人的书卷气；而传统的书卷气，则有待乎"诗""书"的陶冶。不擅传统诗、书，而画传统国画，则意境偏低。无意境，则其画则不足观矣。

可是以高度传统诗、书来培养传统意境的社会已不再有。"东方"所展示的十大画家，已全是古人。和这批"古人"有同样造诣的"今人"也已屈指可数。他们再相率西归，则传统的"文人画"也就寿终正寝了。

读者也许会嫌我危言耸听。请让在下重复一句：上品国画有三绝（诗、书、画），是缺一不可的。后生小子能掌握三绝者，恐怕已不可能了。偶能为之也只是"为赋新词强说愁"的假境界，没有老辈的原始性了。

传统的文人画既不能再有，则"东方"五十幅精品，回光返照式的联展，就特别值得我们珍惜了。

"东方"所展的十家是按画家年岁编排的。计有虚谷（朱虚白一幅）、任伯年（六幅）、吴昌硕（八幅）、齐白石（五幅）、黄宾虹（六幅）、陈师曾（五幅）、徐悲鸿（七幅）、傅抱石（四幅）、潘天寿（两幅）、张大千（五幅）。

这五十幅名画——从一八九四年到一九八一年——包括将近一百年。近百年中国国画名家的代表作，于此一展览中，可以一"览"无余，也真是近年海外艺坛的盛事。

不特此也。此一展览会中所选的也是各该名家的"精品"。

就以悲鸿为例吧。徐大师善画马，可是他晚年为着离婚而以画为赡养费时，乃不惜大量粗制滥造，所以弄得劣马成群。我有一位亲戚，近年曾在华府一家"车房拍卖"中，以不可想象的低价，购了好几幅"悲鸿真迹"。可是其迹虽真，其马则甚劣。而"东方"所展出的却是一幅红鬃烈马。笔者不敏，悲鸿之马的真迹，所见亦不下数十幅，竟没有一幅可比上"东方"之马也。他作称是，无法详叙。

我未便向"东方"主人追询这五十幅的来源，然知其经过慎重选剔、货出名门，迨无可置疑者。友人之中或有以悲鸿那幅《嫩寒》为伪作，因其署名笔法不类一般"悲鸿"也。鄙意不以为然。盖此幅实系"神品"。画家口诀是"画松要'老'，画梅要'嫩'"。试问吾人所见故宫藏画，历代画梅者，更有"嫩"于悲鸿者乎？就画论画，此幅亦悲鸿画集中之佳作。如为伪作，则此作伪者，亦悲鸿同时人，彼亦自可成家，无待伪托。这与张大千伪制石涛，则不可同日语也。

我国传统，向不以作伪为可耻，有时且以能"乱真"为荣。故名家作伪，多师古人。名家伪托时人则鲜见，有之则学生冒老师；然师生之间毕竟有段距离，明眼人一望即知，不若此幅《嫩寒》在悲鸿诸作中亦系上品也。

至于署名笔法，尤不足为凭。作伪者第一伪着便是学签原作者之名，未有为伪作而在签名与印鉴中标新立异也。

此五十幅中另一特点，便是画出名家，而鲜见著录。吴昌硕一代宗师，享誉海内外百余年，近年尤为日本收藏家抢购对象。然此次展览八幅之中，用于画册封面之代表作，其题款竟缺书一字。今谨为标出，以博识者一粲。款曰：

> 一品名花，得春最"早"。
> 千年卷石，通禅不老。
> 既不富贵，亦长寿考。

在这一款识中，作者漏写一"早"字。历来鉴赏家，未见提及。于此亦可见此画久属私藏，而藏者未以之示人。

细赏名画五十幅，观后亦难免悲从中来。

这十家五十幅，历时百年，在当今世界艺坛之上，真是还有比这项展览更了得的吗？但是贤明的读者，你如细看标价，你也就会悲从中来！

想想：我国中国文人，就这么不值钱吗？

我们试把这五十幅名画的市场价值总额加起来，为数亦不及五十万美金。

　　算算五十万美金，能在今日纽约做些什么呢？买买西画看。那位今日还住在长岛日夜作画的"现代画家"德·库宁，他的一幅涂鸦，就要卖上他三五七八十万不等。

　　想想吧，我们十位不世出的大师，辛勤一百年，作品加起来的总值，竟抵不上德·库宁，三天两夜的一幅涂鸦！

　　再买买房子看吧。五十万元大致可在纽约的高级郊区买一所中等住宅，聊蔽一家四口之风雨。

　　到大西洋城去看看，那就更不得了。你看那些来自港台的"扬州盐商"们，五十万元往往不足他们为时五分钟一注的输赢！！

　　想想那位"画高六尺价三千"的郑板桥，再想想那些肯出钱而老郑偏不肯卖画给他们的"扬州盐商"们，也实在太可敬可爱了。

　　总之，我们中国文人、画家、学者之所以一直惨兮兮、不值钱，这与我们的国运实在有太大的关系。一直挤在"第三世界"里，关门做皇帝，一朝走上有头面的国际市场来，自然就惨兮兮，见不得人了。国际市场岂可一蹴而几？

　　严几道说得好，"托都"（total）不行，"么匿"（unit）又有什么办法呢？总希望我们海内外"么匿"多多争口气，把"托都"建设好，则一切自然会水到渠成。

　　　　　　　　　　　　　　　　一九八四年十一月廿四日于北美洲

原载《传记文学》第四十六卷第一期

读三老《感逝》诗

顷拜读阮毅成、程沧波、胡健中三丈《感逝》之诗，亦颇有感触。郁达夫，我国现代文学中奇才也。何意竟因失爱投边，为倭寇所戮。三老伤之，余亦戚然。因裁狗尾续之。

狸奴蓄孽著新笺，三老相濡亦可怜。
终化余情成烈士，讵缘钗断误投边。

柔条可折宁偷折，着意问天哪有天。
地下若逢旧诗友，唱酬应自各成篇。

桂棹兰栓同杳杳，孤魂幽魄两翩翩。
他年香梦随风逝，飞向南洋哪一边？

此是莺莺第几笺？海隅老丈忆从前。
阮郎已赋连三角，胡子何须叹月圆！

原载《传记文学》第四十四卷第六期

我的气功经验说
——从一泓止水到手舞足蹈

    我和气功结缘已有三十年。那是从六十年代初美国时兴的一种养生活动"静坐"（meditation）开始的——那时我在哥伦比亚大学当兼任副教授，专任中文图书馆主任。

    哥大那时是全美"中国学"中"民国史"这一科的重心。我不但是当时哥大所特有的"中国口述历史学部"的两位全时研究员之一，我也是当时全美搜集和整理民国史料的少数专业人员之一，更在哥大研究院教授两门有关的课程。其时我正值壮年，精力旺盛而工作认真。白昼为大学工作鞠躬尽瘁，夜晚为自己研究工作常时忙个通宵。我和老师胡适之先生一样，对哥大这个"母校"真是忠心耿耿。我私人的研究工作是配合着大学的需要设计的，所以我自己的研究工作一半也是大学工作的一部分吧。

    记得那时每晚晚餐之后，我都是回到校内研究室工作的，有时迟至午夜一二时还未回家。一次我在午夜之后，还捉到一个偷书之"贼"呢。原来他是一位有精神病的校外研究员，他在书库内睡着了，一觉醒来已是夜半一时。他在这漆黑一团的八阵图内着慌了，乃在书库内乱闯起来。我那时正一人一灯在书库内看书，听到异声，知是有贼，乃关灯夹尾而逃。不顾数寸积雪，我只穿件衬衫，便疾跑至校警室召来四个校警，把他一网成擒。原来他不是雅贼，而是位贪睡的精神病患者。

那时我时常深夜不归，朋友们发现我如此用功，有位朋友曾向我老伴说："他如此用功，并未'用'出些什么东西来嘛！"朋友所说的东西，显然指的是著书立说，他不知道我的兴趣是读书。古人说："读书最乐。"连十二岁的胡洪骍也会说："我不觉得读书是什么苦事。"正是这种不足为外人道的乐趣。

其时我为大学勤勤恳恳地工作，为自己认认真真地读书，虽无名无利，也倒心安理得。本图"万人如海一身藏"，做个不虞冻馁的读书人。谁知人毕竟是社会动物，在任何社会里你都是藏不了的。你读书、教书、写书、管书……往往都是你的包袱，成绩愈好，包袱愈重。在那同一时期太平洋彼岸被"揪斗"的"白专权威"的遭遇不就是这样吗？他们的罪名是他们的"权威"。我虽非权威，但是遭遇则一，所受精神折磨也是具体而微，大致相同。你为大学尽忠尽孝半辈子，如今拂袖而去和恋栈不去，精神痛苦都是一样的。在精神濒于分裂状态之下，唯一自救之术，便是找一块精神避难所——这个"避难所"我终于找到了，他的名字叫作"静坐"。在静坐中我才逐渐体会了我国古圣先哲的教诲："知止而后有定；定而后能静；静而后能安；安而后能虑；虑而后能得。"

我对"静而后能安"的体会，真是得其三昧。静坐乃变成我日常生活的一部分。

"静"是一泓止水。在微波不兴的状况之下，进入心安理得之境。心安理得之余，才能对天下事物的本末终始有清晰的认识。

在哥大中文图书馆内我也读了些佛经和道藏，再配合起耶教《圣经》的教义，我发现在所有宗教中"静而后能安"都是他们的共同基础。儒、佛无神，道、耶有神，认识不同，基础则一也。这时我对本师胡适之先生的禅学也感到不足了。胡之对佛，有其知识（knowledge），而无其体验（application）。吾人对"不立文字"之教，只可以"坐禅"来体验之。书本知识，终嫌不足也——我对"坐禅"因而也发生了兴趣。

"静坐"与"坐禅"，方式无殊也，而其内涵则有"止水""流水"之别！

"大学之道"近于"坐禅"，这是宋明诸儒体会出来的——其境界则较今日西方时兴的"静坐"又高出一筹了。

在领悟"坐禅"的过程中，我受老友沈家桢先生的影响很大。最近承星云大师之约和他们师徒一道去大陆朝名山、弘佛法，对我的体会也很多。家桢先生曾劝我说："练习'打坐'要找个师傅指点指点。"但是我对"打坐"，只觉得它是对修身养性有好处，并无意深入，要把涓涓细流，流入沧海。所以我一直只是个"单干户'的"静坐者"（meditator）。个性急躁而直率，退而省其私的静坐对我自己的修身养性的好处，是说不尽的。

静坐对我说来虽然是很好的习惯——尤其是在日常生活和工作恍如救火的纽约市，但我一直没有把静坐和气功联在一起。

我第一次知道点气功常识，是从我的一位妹妹那里听到的。我这位妹妹在五十年代读大学时是共青团员、共产党的狂热拥护者，可是在六十年代"文革"期中竟然数度被迫自杀未遂，后来在北大荒劳改营内又受尽折磨。在身心交瘁的情况之下，我们兄妹一别二十五年之后再次聚会了。我看她濒于崩溃的身心，真为之痛惜担心。她在一九八一年和我老伴初见时，她这位嫂嫂对她健康条件之坏也深感惊悸。

一别六年，一九八六年我们两家又重聚了。一九八六年的妹妹简直换了个人。她健康、活泼，甚至恢复了我对她童年的印象。她嫂嫂也说她比一九八一年的她还要年轻十岁！

我对她说："邓小平的开放政策，对你真有切身的好处啊！"

妹妹承认"开放政策"是她健康恢复的原因之一。但主要的还是她自己练气功的结果——她在练"鹤翔桩"。这是我第一次知道气功的实效和"鹤翔桩"这个名词。

气功有这么大的功能？妹妹姑妄言之，我也就姑妄听之了。

由于健康的恢复，妹妹便成为气功的信徒。她知道我外强中干，身体上也有许多毛病，如轻性的高血压、耳鸣和一些消化系统上的毛病。她乃不断地送些气功书给我，劝我和她一样变成气功信徒。做信徒我无心也，但是对读闲书却有既定的习惯。我把她寄给我的小册子都在三上（枕上、厕上、车上）读完了。开卷有益，这些卑之无甚高论的作品，对我读古书的经验却有很多启发。我对《大学》中的"静而后能安"便想出了新的解释来，甚至对老庄、孟荀、《淮南子》《抱朴子》等都有了新的看法。以前的注疏家都和胡适之先生一样，只在文字上求解答，而缺乏文字之外的"体验"。

宋明诸儒显然曾有身体力行的，但是他们很少明说，因此什么"天人合一"等教条，都变成"伟大的空话"。要不那就变成王阳明对竹子去"格物"一样，一辈子也"格"不出什么来。等而下之，就变成某翁求"正心诚意"，连"昨夜与老妻敦伦一次"也正心诚意出来了。

我读了那些气功小册子，那里几乎千篇一律地谈到恒心、耐心、信心和调身、调息、调心等要点。我根据这些要点，也修正了我一贯静坐的方法。谁知无心插柳柳成荫，我这"修正主义"一来，竟然把气功也修正到我自己身上来了。

那是一九八八年七月廿五日的夜半，也是我的"修正主义"实行数月之后，忽然间觉得头顶一炸，接着全身似乎有亿万只蚂蚁在上下乱爬，周而复始，一时颇为惊慌。随之便想到这或许便是书上所说的"气功八触"之一的"麻"的现象了。乃静心待之。

其后"麻触"渐渐变成经常现象了，静坐着的身躯继之以"微微动摇"，似乎也是书上所说的"外动"了。自此以后，我在每日的日记上都把气功现象列为"头版头条"，以记其进度。这"外动"在日记上逐渐由"微动""小动""中动""大动"而及于"狂动"——非以意识控制的"手舞足蹈"。但此一"狂动"虽然不是意识所能控制的，可是我头脑却十分清醒，呼吸缓慢，对这自发的"手舞足蹈"，且有"看你横行到几时"的有趣心情。狂动约三五分钟之后乃自动停止，全身端坐如"泥塑木雕"——这四字是我在宋人道学家的笔记里看到的，想不到如今自身亦体验之也。

以上都是气功书上所说的"进度"和"现象"，我自己竟亦无师自通之。据书上言这只是气功的初阶。以后玄而又玄，花样多着呢。不过我个人的本事在目前，也就到此为止了——以后是否还可继续前进，学出许多"神通"来，我就无法预言了。

可是到此为止，我已可肯定，气功确是很神秘而又可以按步体验的东西，因为我自己的经验便可现身说法嘛。

我没有老师。我的"老师"就是妹妹送我的那几本小册子。小册子说我不会"走火入魔"的，所以我也就大胆地、有恒心地坚持下去，"以观其变"了。

气功是否对我也有些什么"疗效"呢？我只能说精神好些了。以前工作久了易于疲乏，现在显然是好多了。还有以前冬季时有腹泻，今冬是一次也没有过，而排泄系统畅通。此外还有一些生理现象，如子侄辈告诉我，面孔上的老人斑也淡减多矣。至于耳鸣和血压则改善甚少。气功对五脏的影响，似乎远大于对神经系统也。

这是我这位"在家修行"的气功学徒的个人经验。写出来或可得到其他学徒的共鸣——我并且写了一本三百天没有间断的"气功日记"，记录其逐渐发生的现象，也可与其他学徒交换经验的。

原载《传记文学》第五十五卷第二期

"公子哥"和"老板娘"（书简）

绍唐兄：

今天收到您寄下的元月号《传记文学》，不免大吃一惊。怎么我那篇《论三位一体的张学良将军》的老文章，蒙兄青睐，又被挖出来登了出来呢？读到文末，您所指出的王海晨、胥波翻译的傅虹霖著的《张学良的政治生涯》，才恍然大悟，原来贵刊是取自该书。那本书在大陆上销了三十万册，但是我那位"得意门生"的傅博士，却坚持不送我一本，因为"错字太多"，"再版时再送老师一本"。今读贵刊载出之文，才真的理解到傅博士不送我一本的道理。你看那拙作上原用的"公子哥儿"词句，统统都变成费解的"公子哥"了。绍老，您和在下幼年时都做过倒霉的"哥儿"的。谁知道这个"老妪能解"的老名词，现在大陆上一般青年学者们懂都不懂了。我那个"公子哥儿"显然是大陆的年轻的编辑们改掉的。

还有，我在那篇小文中，也开玩笑地用了一句传奇文学上的通用语。我说："赵四小姐的痴情，少帅，您生受了"。"生受了"是"四大传奇"上随处都可找到的，而这一昆曲上常用的台词，在皮黄上也被沿用。今日京戏舞台上，不也是时常听到，"小生生受了"？可是我那篇拙文上的"生受"了，却被戴了顶红帽子（一笑）——被加了个"一"字，变成"一生受之"，这就变成词义两变了。这个"一"字，显然也是大陆上的青年编辑们加上去的。"新"文学家们，本来就是不大看"旧"戏的。

我何以把这些有趣的小事都说成大陆上的事呢？这也是经验之谈。有一次我在西安开会，西北大学历史系主任彭树智教授在他的介绍词里把我大大地恭维了一顿。我在答谢时，说句笑话："诸位不能听彭老板的话……"谁知我话一出，全场愕然，因为百分之九十的听众竟不知道"老板"是什么意思！他们对这通俗名词已四十年未用了，我这个"老油条"忽然把这"古老的"名词搬出来，"新油条"们就不懂了。在我也愕然之余，有位老教授含笑向我说："老唐呀，照我们现在的一胎制搞下去，再过四十年，恐怕连哥哥、弟弟、姐姐、妹妹、叔叔、伯伯、舅舅、姑妈、姨妈、婶婶、嫂嫂、老姑、小姑……全都不知道是什么东西了，还谈什么老板和老板娘呢！"

老友这一说，我如大梦初醒。世界上的事，太难捉摸了。"自己"这个圈圈，实在是太小了。自作多情，感叹不尽！

弟德　刚上

一九八九年元月十二日

原载《传记文学》第五十四卷

"我犯罪了！并无解说。"（书简）
——向谢扶公与苏阿姨致意

绍唐兄：

今早家中水管不争气，滴滴答答。老婆要我修水管。修了一半，收到你的挂号长信，并拜读谢扶老骂我作"四人帮"的长文。本事不够好，水管还在继续漏，暂时就让它去漏吧。提起笔，立刻回兄一封信。这是懒人的破天荒，然兄有要务也。

关于顾少川先生的稿子，他既有得卖，我就可买到。"学问天下之公器"，我最恨学术商业化，兄既有顾公之诺，管其他"老小子"事呢！弟阅人多矣，"老小子"所知亦多。所谓"家有敝帚，享之千金"。不足挂齿也。

谢扶公骂我之文，乞兄不必顾虑，应该一字不易刊出。此事本是我不对，长者之骂，正志吾过也。自己该骂，就该让人骂。先鼓励人骂自己，然后又自吹"引蛇出洞"，搞"阳谋"整人，那就混账了。

谢公去岁寄一本诗集给我，说"兄如已有"的话，就叫我转送给殷志鹏。弟对旧诗兴趣仍然很大，但是也是个"室小书多似乱山"的人，我想让我先翻翻再转殷君，这就"拖"下来了，结果惹了扶公"狗血喷头"一场大恶骂。罪有应得，活该！活该！兄还是把它登出去吧，免惹老人不快，务必！务必！

犯了错，要有勇气"认错"。人家骂，你最好赔不是，不必把"强辩"当"枪毙"，弄得那样紧张。

最近弟与李又宁教授联合请客，那是"星期日"，想不到我竟然泊错了车，吃了一张罚款单。那单上说："你犯罪了吗？还是另有解说？（可免罚款）"老婆持票震惊，问我有无"解说"。我取票填入："我犯罪了！并无解说。"乖乖地送上美钞三十五元，赔个罪了事。弟这样坦承犯罪，在我们安徽土话，叫作"伸直了睡"，不必弯弯曲曲的了。弟已另禀谢公，字写得拳头大一个，因他九十多岁了，眼睛不太好故也。

谢公是位极可爱的老前辈，一天到晚上帝、上帝的，耄耋而有童心，弟对他极其敬重。中国政客如果个个都有谢老十分之一的可爱，中国早就大治了。

谢老的旧诗并不太"灵光"，但他老人家总喜欢"口占一绝"。这也是扶公极可爱的地方之一。

让这样可爱而方方正正的老前辈"骂"两句"四人帮"，也是应该的——何况，其错原来是全在我呢！

据说老年人有火气是寿征。我为老人期颐之庆而祝福。弟对他的冒火，毫无反感。兄如向老人写信，亦乞代致意焉。

一不做，二不休。

干脆再向"骂"我的另一位老前辈——苏雪林教授——也"解说"几句。

承兄寄下老人骂我之书，翻之未起丝毫反感。苏梅本是我的阿姨——她是我姑妈的"女师"和留法同学。她的"同学"之中，更不知道有多少个姑妈、姨妈、婶母、伯母。但是我那些这个妈、那个妈，当年都是一批"小姐"，不像苏梅是个"才女"呢。

现在我这些姑妈、姨妈们，都已不在人间了。剩下个苏阿姨，居然还健在台南，我听到她老人家的消息，已经感到很高兴了。让她"骂"两句，出口老人气，对健康也是有好处的。为着老人的健康，我也是罚票照填："我犯罪了！并无解说。"三十五块美金照出无误——只要对她老人家健康有好处。

不过苏阿姨也太偏心。她在骂我的书上说我是："妄诞、疯狂、荒谬、浅薄、轻率、欺诈、下流和轻薄；种种恶德，说不尽、道不完。"这一来好帽子被我这位坏人戴尽了。使我两位"坏人"朋友——湖南"骡子"周策纵、苏州"空头"夏志清，都气得胡子一飘一飘的。因为他二人竟然一顶也未分到。

为使两位老友气平，我原想写一篇《向阿姨顶嘴》的小文，把帽子也分一两顶给他两位"坏人"。后来你绍唐先生打电话来说"不必了，不必了"，我也就不想顶嘴了。

我们安徽人有句形容前辈老太太的话，叫作"颠倒"——老人家年纪大了，颠颠倒倒。

我想我什么时候说过我老师胡适之先生是"外黄内白的香蕉"呢？在拙著哪一页？哪一行？别的例子就不必多举了。

向阿姨顶嘴一下，但是想起阿姨"年纪大了，颠颠倒倒"，也就不再多顶了。

我有位学长吴大姐——吴健雄。吴学长一向是对我爱护备至，更从未教训过我一句。这次在一起吃饭，她忽然破例认真地说了我几句——说我不应该批评我们的老师胡适之先生。吴大姐举了好几个例子，但是竟然没有一个是我的书上有过的。

吴健雄教授的故事哪里来的呢？

谈笑之间，才知道苏阿姨把骂我之书也航寄了一本给她。吴学长是位科学家，对文史书籍只是偶尔翻翻的。谁知偶尔一翻就翻出"香蕉"来了。其他读者、作者可能也有相同的情况，那又叫我何从解释起呢？！

苏梅是我的阿姨，健雄是我的学长。对这二位，我都宁愿"罚款"，不愿"顶嘴"的。

不过无辜地出了三十五块钱，对我这小气鬼来说，心里多少也觉得有点冤枉罢了。

德刚上

一九八四年四月七日

原载《传记文学》第四十四卷第五期

文学与口述历史（讲稿）

一、导言

　　我是学历史的，自小对文学也很有兴趣，记得有一次在哥伦比亚大学一次"章回小说"讨论会上，有一个美国学者列了一堆章回小说书目，大约有四十几部一百多本，他说："中国作品实在太多了，谁可能把那么多的作品看完呢？"我举手说："我统统读过了。"他不相信，反问我说："你怎么可能读那么多书？"我说我在中学读书，没有女同学同我谈恋爱，也没有球可打，更不会滑冰、跳迪斯科，没办法之下，只好看小说了。我对文学大概就止于对这些书的欣赏罢了。所以我只能算是欣赏文学的读者而已，实在不够资格以行家来谈文学，尤其没有资格谈台湾和香港等名作家的作品。我觉得台湾近廿年的文学成就远超过五十年代或三十年代的作家，可惜我因为太忙，对台湾和香港的大批作家的作品看得太少。

　　其次说到口述历史。口述历史是我的本行，也是我在哥伦比亚大学用来吃饭的工作。

文学与口述历史我既然都有些关系，现在我就把个人的一点体验与看法报告一下。

首先来谈一谈什么叫口述历史。

二、什么叫口述历史？

我写过几本口述历史，加起来可能销了一百多万本，而且现在仍继续出版。而什么叫口述历史呢？有人问我："你的口述历史是不是胡适先生讲，你记，就成了？""你怎么能记那么多呢？"另外，我写李宗仁的口述历史，他们也说："你怎么写那么多呢？"我的回答是："口述历史并不是一个人讲一个人记的历史，而是口述史料。"我替胡适之先生写口述历史，胡先生的口述只占百分之五十，另外百分之五十要我自己找材料加以印证补充。写李宗仁口述历史，更麻烦，因为李先生是军人，他连写封信都要找秘书，口述时也随便讲讲，我必须细心地找资料去编、去写、去考证，不明白的还要回头和他再商讨。而他是大司令官出身，他讲的话习惯上就是命令，有疑问反问他时，他都说："没错！没错！"我说："大概有点错吧？"他立刻又说："没错！没错！"我想我以前当兵最高的阶级只是个少尉，而他是上将，以一个少尉来指挥上将是很难的，所以我只好慢慢地想法子说服他，把一些不清楚的问题反复问他，结果他说："有书为证，没问题！没问题！"于是拿了一大堆书给我看，结果都是稗官野史一类的书，我说："你们做司令官的，如果情报不正确的话，像台儿庄等战役就没法打胜仗了，我们搞历史写文章的也一样，如果情报不正确也会闹出笑话来，您刚刚说的这些'情报'虽然有书为证，却也可能是'假情报'。"他说："有点道理！有点道理！"费了不少工夫，才慢慢地进入状况。不过李宗仁的口述历史，统计起来，大概只有百分之十五是他口述，百分之八十五是我从图书馆、报纸等各方面资料补充与考证而成的。所以所谓口述历史并不是一个人讲一个人写就能完成的，而是口述部分只是其中史料的一部分而已。一般而言，大学者的口述史料大概有百分之五十、六十，非学术人士的口述史料只有百分之十五、二十左右。所以口述历史与一般史料有何不同？大概可以这样说：口述历史是活的史料，其他史料是死无对证的，口述历史可以慢慢谈、慢慢问，可以加以补充改正，而其他历史就不能如此。

在哥伦比亚大学有世界性的口述历史学部，也有中国的口述历史学部，但在那里正式工作的只有夏连荫小姐和我两个人，夏小姐英文很好，中文不太能写，只有我中英文都能写，所以那时我所做的中国口述历史就成了世界最早的中国口述历史。后来台北的"中央研究院"也有口述历史，那是当年我们在美国向胡适之先生建议的。后来胡先生回国，我们给他写了一封信，希望他能支持我们成立一个口述历史的基金会，胡先生回了一封信（见胡颂平的《胡适之先生年谱长编初稿》一九五九年十二月五日条）说"台北'中研院'也成立了口述历史"。这就是中研院"口述历史的由来。所以，"中研院"口述历史是胡先生写了那封信才开始的。

接下来谈谈口述历史的起源，这要从第二次大战后，哥伦比亚大学教授亚伦·芮文斯（Allan Nevins）自夸"口述历史"的名词是他发明的说起。当时他创出的名词是Oral History，翻成中文就是"口述历史"，而现在这个名词已经世界通行了，所以这个名词事实是哥伦比亚大学的亚伦·芮文斯一个人搞起来的。

三、口述历史的历史

亚伦·芮文斯提出Oral History的名词后，我对他说："你不是口述历史的老祖宗，而只是名词的发明人。"在我看来Oral History至少有两三千年的历史，不过那时不叫口述历史，口述历史是在中国和外国都有的老传统。我们学历史的人一般分历史为两大部门：一种是未记录的历史，英文叫作Unrecorded History；另一种是有记录的历史，英文叫作Recorded History。我们中国有记录的历史应该从孔子《春秋》算起，而孔子《春秋》却断自唐尧虞舜，那么唐尧虞舜的历史都只是传闻，也就是口述历史了。后来的三皇、五帝也都是以口述为凭所上推出来的史前历史。孔子向来自称"述而不作"，所以他的作品如《论语》等也都是由孔子口述，经学生或学生的学生记下来的，自然也是一部有名的口述历史了。孔子另外一部可靠的书《礼记·檀弓》，记载许多孔子的事，都是孔子口述，弟子所记。诸如此类夫子"述"之，弟子"作"之的作品，就是"君子动口不动手"的传统，也就是"述而不作"的最典型口述历史。

后来秦始皇焚书，弄得汉初无书可读，于是找一些学界耆宿如伏胜等加以口述，代代相传，成了汉代的"今文家"，所以在汉朝四百年间，古文家都不被承认，只有口述而成的今文家才受重视。（事实上《左传》并非伪书，而是被作伪者刘歆动过手脚。孔子因《鲁史》而作《春秋》，《春秋》是孔子读《鲁史》的笔记，有哲学气味的笔记，也可说是根据儒家思想而整理的笔记。但是《鲁史》是什么样的书？作者又是谁？我大胆假设：《鲁史》的作者就是左丘明，《左传》的原来面目即是《鲁史》，孔子因之作《春秋》，此书失传后，被刘歆在中秘书发现，乃改头换面，倒果为因，搞出《左传》来。康有为《新学伪经考》知其一而不知其二。）

四、口述历史在中国史学上的实例

另外刘汉以后也有很突出的口述历史，那就是司马迁《史记》中的列传七十篇（再大胆假设一下）可能有一半是他道听途说的，要不然就是interview他人所听来的，也就是根据口述史料加以整理编写而成的。最好的例子是《刺客列传》——荆轲刺秦王那一段，他说得很明显，现在抄录下来看看：

> 太史公曰：世言荆轲，其称太子丹之命，"天雨粟，马生角"也，太过。又言荆轲伤秦王，皆非也，始公孙季功、董生与夏无且游，具知其事，为余道之如是。

从以上所录看来，司马迁认为他的故事比传闻更为正确，因为他是听"公孙季功"和"董生"说的。而公孙和董又是直接听夏无且大夫说的，而夏是秦始皇的私人医生，当暗杀进行之时，夏医生帮着老板用药囊打过荆轲的，其话当然可信。这是一篇极好的文学著作和历史，而司马迁就讲明他所用的是口述史料，其他未讲的正不知有多少。

由此看来，口述历史（也可以说是口述文学）在中国至少有两千年的历史了。

再看我们安徽出的明太祖朱元璋。朱元璋年幼时做过叫花子，也当过和尚，他年老时最忌讳这一段，那时有位士子上表歌功颂德说朱元璋的功业蔽天、"光被四表"，谁知马屁拍在马脚上，朱元璋认为"光被四表"是嘲笑他幼年当和尚，和尚头"光被四表"，所以把这马屁精给宰了。可是等到老朱老了，要盖祖庙、修族谱时，对自己的身世，总得有个交代啊！但是那些摇笔杆子的什么"大学士"们，谁敢执笔呢？他们想来想去，想出个聪明办法来——来搞个"口述历史"，说群臣愚鲁，对圣上祖宗盛德，才难尽述，伏乞圣主略叙列祖列宗之天纵英明事迹，愚臣庶可据以跪录等等。谁知朱元璋倒也大方，他就真把他过去当和尚、做叫花子的往事，毫无隐讳地全盘托出。这篇文章也是中国口述历史和口述文学上的杰作，没有口述历史这个传统，这篇文章是无法执笔的。（原文见《七修类稿》）

另外如太平天国覆灭时，忠王李秀成的"供词"（口供）也是我国传统"口述历史"的上品。据说当忠王李秀成被曾国藩抓了，忠王用广西话口供，曾国藩听不懂，只好叫李秀成自己写，于是李秀成一面讲一面写，完成了这篇至情至性的好文章——《忠王李秀成供状》。

大陆上最好的、最出色的一本口述历史的书，是清末代皇帝溥仪的《我的前半生》，把他老婆一妻一妾装模作样的种种情形写得非常真切动人，所以大陆上三十多年来历史成就，当推溥仪这本口述历史。

从以上这么多例证我们可以明白，"口述历史"这个名词还没有到中国之前，我们早就有口述历史的事实了。

五、西洋传统史学中的口述历史

在西方，从古希腊古罗马的荷马（Homer，公元前九世纪）和希罗多德（Herodotus，公元前五世纪）的作品都是第一流的口述历史，甚而苏格拉底、释迦、耶稣、摩西等的言论也是口述后记录下来的。荷马是位瞎子，他的史料如"木马兵"等等，几乎全是听来的。希氏的故事，很多也得自传闻——人家告诉他的口述历史。然而，西方传统口述历史中和我们有直接关系和影响的，那就是《马可·波罗游记》了，这是一部口述历史的千载奇书，我想借此机会介绍一下。

马可·波罗（Marco Polo，1254—1324）是意大利威尼斯人，在他十七岁那年（一二七一年），他随父亲和一位叔父启程去中国，那是他的处女行，但却是他父亲和叔父的第二次。他们循古丝绸之路东行，路经波斯、葱岭，入中国新疆、甘肃，经敦煌过西安（那条唐三藏取经的路），吃尽千辛万苦，历时三年，才到达中国元代的大都（北京），向元世祖忽必烈报到。其后他们父子叔侄三人，在中国一住十七年，备受宠遇。并以色目要员的身份，由忽必烈差遣，周游中国，并参加攻克襄阳的激战。小马可且自炫曾为扬州太守（位同今日的上海市长）。那时的中国是世界的主宰，生活水准远过欧洲甚多。波罗三人进入中国，直如板儿进入大观园，中国贫农到了巴黎，目不暇接。一住十七年之后，忽必烈年老，波罗等自己亦倦鸟思归，准备衣锦还乡。此时正值蒙古帝国的钦察汗国的可汗（驻波斯）丧偶，北京忽必烈拟送一贵女子去波斯为钦察汗续弦，三位波罗乃膺命护送。他们于一二九二年自北京动身，取水道经泉州、新加坡，穿印度洋，赶往今日炮火连天的伊朗。护卫六百人，巨舶十余艘，在三位波罗率领之下，历时三年，始完成任务。因顺路还乡，回到威尼斯故里。他们一行离开故乡，前后已二十五年，乡音无改而人事全非，然波罗三人毕竟衣锦荣归，光耀故里。

马可波罗这趟亚洲之旅，在中古时期是不可思议的，他的故事之能震动人心，自不在话下。意大利那时小城邦林立，人民目光如豆，波罗等自大元帝国归来，自然一开口便以"百万"（million）为单位，百万也就成了马可的诨名。孰知马百万还乡不久，就碰上威尼斯和热那亚（Genoa）两个城邦之间的战争。马百万那时不过四十开外，一战被俘，便做了热那亚的战俘，囚于战俘营。恰好事有巧合，他同囚难友却有一位知名的作家名叫鲁斯梯谦（Rustichello），一个善吹，一个善写，二人一拍即合，在战俘大牢之内，他俩就拟定一个"口述历史"计划，写起书来，二人所说的都是当时当地通行的意大利法语（France-Italian），书成之后，他们就以"百万"作书名。后来译成其他语言就改称《马可·波罗游记》了。

《百万》书成于印刷术传入欧洲之前，但初稿方出，立刻便势如野火，传抄、翻译，很快便传遍欧洲，其后各种不同的抄本，竟多至一百四十余种。由此可见《马可·波罗游记》实在是我辈搞口述历史这一行中，影响最大的一部世界名著。事实上，后来名震世界的热那亚晚辈冒险家哥伦布（Christopher Columbus，1451—1506），到美洲去探险，就是根据马氏游记想到东方找中国，结果找错了反而发现美洲。口述历史意外地发生了这么大的功效，这是马可·波罗做梦也想不到的事。

六、口述历史与文学

我们谈口述历史与文学，应先扩大来谈文学与历史，才能厘清它们两者的关系。我本来学历史，但对文学有兴趣，所以我编了十六字真言来涵盖文学与历史,那就是"六经皆史""诸史皆文""文史不分""史以文传"十六个字。

先说"六经皆史"，这是清章学诚说的（其实西方也有"二经皆史"，指《新约全书》《旧约全书》），他认为不只六经，其实诸子百家皆史，我倒认为不只诸子百家皆史，甚至小说如《封神榜》《西游记》《镜花缘》《金瓶梅》皆有其历史价值。其次"诸史皆文",譬如司马迁的《史记》就是一部文学,所谓"文章西汉两司马",司马迁的历史散文早被公认是上等的文学作品。我们读西洋史也一样,可以见到许多很好的历史文学。譬如《丘吉尔回忆录》曾得诺贝尔文学奖,一定有它特别好的地方,我读这本书有一段是这样写的:有一次丘吉尔与希特勒约期见面,由于丘吉尔讲话不小心,批评希特勒,希大为生气,取消了约会,从此以后,丘与希再也没有见过面。这件事如果由我们来写,可能秉笔直书":丘吉尔某年某月某日,应与希特勒在某处碰头,后来希特勒取消约会,所以两人一直未曾相见。"但《丘吉尔回忆录》却是这样写的:"希特勒自此以后就失去见到我的机会了!"(He lost his chance to see me!)这个事实和"自此以后我们两个都没有见过面"没有两样,但在《丘吉尔回忆录》中的笔调却一直强调He lost his chance to see me!比一般人的写法精彩多了,这也就是把历史作品的文学性加强以后,可读性增加了。

古代历史中,《后汉书》有十几家,为什么后人独推范晔的《后汉书》,其他都不传,这并不表示其他《后汉书》历史写得不好,而是文章没有范晔的好,所以也可以说百家皆史、良史皆文。

最后说"文史不分""史以文传"。从中西古代历史来看,都是因为它是好文学所以才传下来,因为古代没有很好的印刷术,光靠手抄,所以只有好文章才会被抄下来。但是这种"文史不分""史以文传"的传统现在已渐渐衰微,就以写中国历史的作品来看,美国人大都老老实实平铺直叙,但英国人写历史就注重文学修养,他们写史第一条件是要英文写得好。与美国并不要求英文写得好,只要求正确与否不一样。我的同事中英文好的都是英国人,这是欧洲老传统与美国商业社会对历史态度的不同,现在美国新历史学家很少有新气味,所以他们的东西把它当历史看可以，当资料看也可以，但是，要当文学看就差多了。

七、现代史学

这种美国式的历史趋势，愈来愈可怕，也就是说历史渐渐被科学所污染，在美国历史现在叫作Social science approach，完全看成是一种社会科学，如此一来历史就变成干燥无味的东西了。例如我执教过的纽约市立大学和哥伦比亚大学就是把历史划入社会科学院和政治学院，我在哥大曾向院长建议，历史应在文学院而不应在社会科学院，像我们中国的各大学，历史系都在文学院的，但我的建议并没有被采纳。

西方的历史学除了归入社会科学愈来愈枯燥而外，最糟的是电脑普遍应用以后，历史已被电脑征服。只要电脑一按，历史资料就全部出来了。

电脑的应用改变了整个学术界的状况，我在美国卅年来老跟着电脑跑，常有跟不上的感觉。我想再过一百年，历史研究会变得不可思议。那时，我们回头看胡适、余英时等历史学者，也再看看自己，一个个都变成不堪一看的冬烘先生。将来什么事都根据电脑，学者的努力将会是白费心机，譬如胡适用了十多年时间研究《诗经》，将来一按电钮，哗啦啦什么都出来了，结果胡适搞了十几年，电脑几秒钟就出来了。这种历史研究趋势，受科技发展的汹汹来势影响，将会一发不可收拾。上次参加在美国举行的"辛亥革命会议"，大陆一个学者写信给我说大陆上看不到日本、美国的资料，问我能否帮他搜集一些辛亥革命资料，我想我这么忙怎么帮他呢？于是我到图书馆请教管理员，向他要一些辛亥革命资料，要他告诉我Computer怎么做法？他说好，你给我一个题目，于是我给他"中国辛亥革命"，他说我告诉你怎么做，首先找到"革命"，一按钮，"革命"的资料哗啦啦立刻显印出来了。其次"中国"，于是"中国革命"的资料立刻又显印出来。再按"一九一一年"，又哒哒哒哒大约三十秒钟就印出了一大堆"中国辛亥革命"的资料。这些资料如果自己来抄，至少要两三个月才能抄完，我日常工作很忙，怎么可能有两三个月的工夫去帮助朋友查抄这些资料呢！但用电脑我查抄这些资料给他，只花了卅秒。所以我说电脑是很可怕的。

在电脑科技的发展下，人的生命将逐渐失去意义，试想卅秒可以得到的东西，还要胡适这些大家做什么？我们学历史的还有什么用？学历史的要靠什么吃饭？不过，事实上并非如此悲观，因为历史中还有部分可以和科技抗战到底的，有部分是真金不怕火炼的，那就是历史之中还有文学。

八、口述历史与文学的展望

历史虽然被科学瓜分了，幸好历史中还有文学的一部分，使我们有饭吃，有兴趣继续搞下去。然而，我并不是说科学不重要。所以历史虽然向科学靠拢，没有科学也就没有历史，而历史如果完全走向科学，那么历史就要自杀了，学历史的人的人生也没有意义了。所以现阶段历史中还有口述部分是很有生命的，我写了不少口述历史的东西，尽量使这些书的可读性提高。当年我为顾维钧先生编写回忆录，他与我谈了许多外交上的逸事，我请他尽量详细地讲，尤其他当袁世凯秘书时所知闻的一些逸事，顾先生起先不肯讲，经我再三追问才勉强讲出来，结果后来发现都是很有味道的历史文学。这一类的口述历史是保存文学成分较多的历史，不是数目字也不是科学，将来可读性之高一定超过一般历史，因为看历史的人并非都是史学专家，多数只为了得一点历史知识而去阅读，如果没有可读性就没有人看了。我想凡是够资格做口述历史的人，都有几分文学的素养，而且凡是够资格写的人都会讲，孔子说："有德者必有言。"有德就是有技术（写史的技术）。我与胡适先生谈，他口若悬河滔滔不绝，可惜我没那么多时间去搞。胡适、顾维钧、黄沈亦云（黄郛夫人）都很会讲，所以他们的回忆都很有可读性。因此，十几年前我回台湾，想到曾兼任过"中央大学"校长的"老总统"，如果可以请到他老人家做个口述历史，一定很有意思，可惜没有如愿，"总统"就过世了，我一直很难过，这么好的口述历史竟没有传下来！

如今学历史的百分之八十向科技投降，我也投降了百分之七八十，还好有百分之二三十，我们可以抗战到底。所以写历史必须用文学来写，并与新闻合作（新闻是当前的历史），才能把未被科学征服的百分之二三十保存下来。现在搞口述历史要像桃园三结义一样，把历史、文学、新闻三位结成一体，变成刘、关、张三兄弟，就可以写成很好的历史了。

原载《传记文学》第四十五卷第四期

也是口述历史
——长篇小说《战争与爱情》代序

那已是十多年前的事了。当美国尼克松总统于一九七二年访问了中国大陆之后，大陆上关了将近四分之一世纪的大门，对海外华侨迸然开了一条缝，我有几位去国三十余年的科学家朋友们，乃幸运地从这条缝里挤了进去。那时我们一群还在墙外徘徊的"逋逃汉"，对他们是多么羡慕啊！那伟大的祖国河山；那童年所迷恋的温暖家园；尤其是那慈爱的爹娘、欢乐嬉笑的兄弟姐妹、亲人、朋友、伙伴……是多么令人想念啊！我们焦急地等着听他们回国探亲的故事。

果然不久，他们就出来了。自祖国归来的歘歔客中，有一位是我的总角之交，我知道他青少年时代的一切往事。他出来之后，我们日夜歘歔地谈着他个人的见闻故事——这些故事太奇特，也太感人了。历史上哪里真有此事呢？小说家凭空编造，也很难幻想得出来！

我们细谈之后，我这个搞口述历史的老兵，乃想把他这份口述故事用英文记录下来——那时的美国学者访问中国和越南出来的难民曾是一时的风气。口述者同意我的想法，但他的要求则是只要我不用真名实地，他所说的一切我都可用中英双语发表。可是这项工程相当大，我事忙，无法执笔，便拖了下来。

不久，我自己也拿到签证，回国探亲了。那还是"四人帮"时代。我个人的感受和亲见亲闻的事实想来我国历史上的张骞、苏武、班超、法显、玄奘，乃至薛平贵的奇特经验，也很难和我们相比。我住在北京的华侨大厦，和大厦中的旅客谈来，我自己的经历和去国时间算起来是最平凡而短促的了——我离开祖国才二十五年。虽然一旦还乡连兄弟姐妹都不相识，但比起我的哭干眼泪的朋友们来，我是小巫见大巫了——中华五千年历史上这个时代，对我们这个时代的中国人，实在是太残酷了。

我一入国门，初踏乡土，立刻就想到美国作家华盛顿·欧文（Washington Irving，1783—1859）笔下的李普万温柯（Rip Van Winkle）来，他在我的经验中，竟成为事实。万温柯其人在美东克思琪山（Catskill Mountains）中狩猎饮酒，忽然蒙蒙睡去，居然一睡二十年。醒来摸索还乡，景物全非——好一场熟睡。我自己不意也狩猎醉卧于克思琪山下，一睡二十五年，始摸索还乡，也是人事全非——欧文幻想的随笔（Sketch Book），竟成为我辈经验中的事实！能不慨然。同时在我们的一睡二十五年期间，关掉大门的祖国之内所发生的种种故事，也真是匪夷所思——太奇特了，也太扣人心弦了。

在国内与老母弟妹一住两个月，回想起在另一个世界里二十五年的经验——他们全不知道的经验——也真如"南柯一梦"！

由于上述吾友的经验，与我个人近半个世纪以来耳闻目睹之事，太奇特了，我想历史书上是找不到的——虽然那些故事和历史上的故事也发生在同一段时间、同一个世界之上。它的"真实性"和"非真实性"，也和《资治通鉴》《二十五史》没有太大的轩轾。《二十五史》

之中的"非真实性"还不是很大嘛。所不同者，史书必用真名实地，我要笔之于书，则格于老友要求，人名、地名，都得换过。

再有不同者便是史书但写舞台上的英雄人物，舞台下的小人物则"不见经传"。但是真正的历史，毕竟是不见经传之人有意无意之中集体制造出来的，他们的故事，历史家亦有记录下来的责任。

这个构想，时萦心怀。两年多前，在一次文艺小聚时，我和那位呼我为"大兄"的编辑女作家李蓝女士偶尔谈起。她乃大加鼓励，并允为我在纽约《北美日报》她所主编的副刊《文艺广场》上，加以连载。在她的坚决鼓励之下，并蒙她上级诸友一再邀饮，我乃每天抽出了写日记的时间，日写三两千乃至七八千字不等，由李蓝逐日刊出。一发不可收拾，自一九八五年六月一日起，逐日连载达两整年之久。为免脱期，有很多章节竟是在越洋飞机上写的，由世界各地邮筒寄给李蓝——这也算是个很奇特的撰稿经验吧。

现在把这长至六十万言的故事结束之后也不无感慨。它只为多难的近代中国那些历尽沧桑、受尽苦难的小人物们的噩梦做点见证；为失去的社会、永不再来的事事物物和惨烈的"抗战"，留点痕迹罢了，他何敢言？

读者们，知我罪我，就不敢自辩了。

一九八七年五月十六日于美国新泽西州北林寓所

原载《传记文学》第五十二卷第四期

小说和历史
——一九八八年六月七日在台北耕莘文教院讲稿

在这次来台湾之前，我曾在大陆做过短期旅行。在火车上、轮船上常常碰到一群群的"台湾同胞"。他们在大陆上缩短的名词中叫"台胞"。台胞是今日大陆上的贵宾和娇客。我们所谓"美籍华人"，以前在大陆上也曾风光一时，但是近来在大陆上和台胞比起来，那就灰溜溜的了。

我们在大陆上碰到台胞，感到特别亲切；同样的，台胞碰到我们也分外热情。我想主要的原因是我们也常来台湾，和台胞有许多大陆同胞所不熟悉的共同语言好说。

在大陆上和台胞谈话时，我发现他们也很快地就说出许多大陆上所特有的词语。我自己当然也学了不少。所以今天来台北做点"学术报告"（这也是大陆名词）之前，请诸位原谅我也套点大陆词语来谢谢主人。

首先我要感谢的是我的"邀请单位"和"接待单位"远流出版公司、《时报·人间副刊》和老友、文化界"大护法"的陈宏正先生和其他朋友们，承诸位盛意把我这位并不会念经的"远地和尚"，邀来向诸位念阿弥陀佛。感激之外，我也感觉十分惭愧——但是丑媳妇也得见公婆。既来之，则讲之。浅薄空洞之处，都还希望诸位原谅我这个"丑媳妇"。

我在惭愧之外，也有很大的惶恐。邀请单位诸公，要我来讨论"小说和历史"，而今天来领导我们讨论的却是文学界、史学界，一身兼两长的泰斗，刘绍唐和柏杨两位先生。

我第一次知道绍唐兄是三十多年前读到他那本成名的大著。书内那两首妙诗，描写一位女知识青年嫁了一个不识字的共产党干部，并在一个月明之夜写了一首诗："嫁得郎君不解情，竟将明月比烧饼。从今不盼礼拜六，春宵枉自值千金。"我至今仍能背诵。后来他开办"野史馆"，我又跟馆长做了十多年的"野史作家"——大约十年前我就说过，绍唐治史，是"以一人而敌一国"。没有刘绍唐，哪个还能搞什么民国史呢？

我对柏杨先生的钦佩，也是和绍唐一样深刻的。柏老是小说家、散文家、诗人和历史学家。我这个自命为史学工作者的人，在治史上比柏老差得太远了，文学就更不用谈了。这绝不是谦辞。做一个治史者，他在史学和史识之外，还要肯下苦功。试问中国史学界，自胡三省而后，有哪个史学家曾把一部《资治通鉴》，一个字一个字地读过一遍（不要谈翻译和注解了）？这是苦行僧"拜经"的办法，没道行是做不到的。

我自命也读过《通鉴》。其实我哪里是读呢？我当年是个青年在体育场"跳高栏"。看不懂，就一跳而过之——和柏老比起来，惭愧多矣。

所以有这样两位有真功夫的教师爷在前，我还能打个什么"卖拳"呢？

不过话又说回头，既然做了丑媳妇，也就不要怕出丑，我还得斗胆讲下去吧。

历史家搞的是些什么

我们今天要讨论的是小说和历史。

我个人数十年来，口口声声说我自己是"搞历史的"。今天我之所以应召来谈这个题目，主要是我的同行所批评我的"不务正业"的原因——我最近忽然出版了一部长篇小说叫《战争与爱情》。

当这部拙著还在报纸上连载期间，便有文学界的朋友笑我"捞过了界"，也有史学家笑我"年老入花丛"的。鼓掌的朋友倒也不少，抗战期间打过游击的老兵，读一章哭一章的竟也不乏其人，说那些故事，也正是他们的过去呢……各方反应形形色色。段昌国教授的批评也极中肯。他说："像小说而非小说，像历史而非历史。"

记得以前胡适之先生向我说，律诗是"文字游戏"，但他又说律诗是很高深的"文学"。当我问他"游戏"和"文学"的界线又如何划分呢？他老人家也被我这个不肖弟子难着了。

至于"小说"和"历史"的界线（尤其是古人治史）如何划分呢？我想先从"历史"说起。

什么是历史呢？

我们的答案应该是，人类的社会行为（Social behavior），在过去所发生的现象，都是历史。从抽象的推理来说，时间只有"过去"和"未来"两种。所谓"现在"只是个"○"。它是永远存在也是永远不存在的。古希腊哲人有言："你不能在同一条河内洗两次脚。"（You can not wash your feet twice in the same river.）正是这个意思。可是"过去"所发生的现象实在太多了，经过历史学家的笔把它记录（recorded）下来的史实（factual history），那实在只是亿万分之一了。

但是史实并不是历史的全部。要解释明白人类的过去，何以发生了这种史实的所谓"释史"（Interpretation of History），也应该是历史的一部分。至于用何种方法来记录史实和解释史实，这种"方法"（Methodology），自然也构成史学（Historiography）之一部。

笔者去岁应邀在留美学生史学会讲演，曾把研究中国史的当代史学分成四派（传统、马列、社会科学派、综合派），也就是从"方法学"着眼的——他们搞的是相同的"史实"，但是对"记录"历史，和"解释"历史的"方法"，却各异其趣。就史分为四了。

小说又是什么东西

以上所说的只是什么是历史。

那么，什么又是小说呢？

小说是文学之一种，这个回答是绝对正确的，但是要为文学来下定义，对本文就是离题万里了，只好不谈。此地我们只可说文学有各种偏向。那些偏向于音乐艺术的便是诗歌戏曲；偏向于哲学和宗教的则是一些散文和现代的朦胧诗。朦胧诗严格地说起来，应该不能叫"诗"——它是运用一种看不懂、念不出的"长短句"来表达一种模糊的哲学心态。至于偏向于历史的文学，甚至搞得和历史难解难分的文学，那就是"小说"了。

章学诚说"六经皆史"。如是则上述有各种偏向的文学形式的作品，无一而非"史"——只是"小说"的"史"的偏向特别明显罢了。其实我们要想把"小说"下个定义实在也很难。在中国，"小说"一词首见于《庄子》，而《庄子》所说的小说也非我们今日所说的小说。《庄子》而下，班固在《汉书·艺文志》列有"小说家"。小说家虽居"十家"之末，它毕竟也是诸子之一。"诸子（如果）出于王官"，那么"小说家"也就有个做官的祖先，叫作"稗官"了。稗官也是政党和政府的"高干"，其工作是访求民隐，专门记录不见经传，为士大夫"臭老九"所不屑一顾的街头巷尾之谈。

中国古代上层阶级的庙堂之议，牛皮夸夸，都成为"政府档案"，也是史学家著史的第一手资料；那间巷的小民窃窃私议，就只是"小说"或"小道消息"，而算不得"历史"了吗？此吾为"平民""愚民"不平也。他们在历史上、社会上所占的分量，千万倍于简任以上高官和十三级以上的"高干"。他们的"舆论"（抬轿轿夫所讲的话），就只能算是"小说"了吗？

不过以上所说的只是古代中国的传统解释。到中古时期已有很大的改变。到近代中国受西方影响，把西方文学中的novel和fiction翻译成"小说"，则此小说已非彼小说，小说的面向便宽广起来了，地位也陡然提高了。

胡适之先生把中国传统小说分为两大类。第一类他叫"历史小说"。这一类小说例如《三国演义》和《水浒传》等都是经过数百年的演变，最后才由罗贯中、施耐庵等加以综合整理作为定型的。另一种他叫"创作小说"，那小说并没有什么历史演变的背景，只是一个作家的灵感创造出来的，如《红楼梦》、如《儒林外史》皆是也。

鲁迅把小说分类分得更细。但是胡、周二公都是治文化学的学者，发起议论来，总是以文衡文。胡适总说："一部中国文学史，便是一部文学方法变迁史。"但是文学的"方法",尤其是写小说的方法,何以变迁不定呢?他们搞文化史、文学史的人,都只从文化和文学本身去捉摸。他们忘记了,或根本没有理解出,文化和文学之后,还有个社会——一个不断变动的社会。文化和文学的变动,只是它们背后那个社会变动的浮标而已。

前几年,我也曾捞过了界。因为我自己是搞社会史学的,我不自量力也把社会史上的法则运用到中国文学史和中国小说史上去。我斗胆地提出,中国小说形式和方法的变迁,是从"听的小说"逐渐走向现代化"看的小说"上去。何以故呢?那是受市场经济供需律(Law of supply and demand)的影响。英国的维多利亚时代,由于经济起飞、市场繁荣、中产阶级崛起,对"看的小说"的需要量陡增,所谓"维多利亚作家"的黄金时代才随之而起。

中国在十八九世纪,经济也相当繁荣,城市中产阶级渐起,对读品需要量大,于是大书贾和为书贾服务的金圣叹一流编书和批书人物才随之而起。不幸的是我国那时的"经济起飞",还未飞起来就垮下去了。国家强于社会的帝王专制和宗法制度,始终把"中产阶级"压住。中产阶级抬不起头来,对格调高的作品需要量就不会太大。在曹霑、吴敬梓等高格调作家饿死之后,便后继无人了。何也?供需律使然也——君不见今日台北读者的口味,吊高得吓死人!而大陆同胞还在大看其"小五义"!何也?中产阶级与无产阶级之别也。经济起不来,口味也就高不起来也。据老辈沪人告诉我,今日台湾省籍厨师所烧的"上海菜",便远高于今日上海籍的上海厨师在上海所烧的"上海菜"。笔者浪游两岸,知此评不虚也。经济飞不起来,连小菜的口味也提不高,况小说乎?

走笔至此,我对敝老师胡适之先生又要批评一下了。胡老师搞"红学"，把曹寅所掌管的"江宁织造"和"苏州织造"等等，都看成为供应宫廷的机关，这就只知其一、不知其二了。据《江宁府志》，"江宁织造"盛时有纺机两千七百余架，每日可出缎千匹。江南的"贡缎"销行远及西欧。宫廷哪用掉那许多？！

这些织造的产品，哪是只为供应宫廷之用的呢？它们是当时中国——甚至是全世界——最进步也是利润最大的工业。他们赚的钱太多，使政府红了眼，乃"收归国营"，由国家垄断包办罢了。康熙爷这一干法与汉武帝包办"盐铁酒榷"、宋王爷包办"官窑""汝窑"的制瓷工业如出一辙。后来国府搞"烟酒专卖"，还不是如此？

真实的社会、虚构的人物

以上所讲的是小说的变迁和社会经济变迁的关系。

小说的种类很多，什么社会小说、爱情小说、志异小说、神怪小说、历史演义小说、讽刺小说、笔记小说……鲁迅在六十年前即列举了无数种。现在还有什么科幻小说、心理小说等等，那就讲不尽了。

但是不管小说有多少种，它的基本原则则只有一个——它讲的是"人性"——不管这人性是善，还是恶。《聊斋》上所讲的狐仙，《西游记》上所讲的猪精、猴精……它们哪里是什么鬼怪呢？它们都是"人"，它们的行为也都是人类的社会行为。猪八戒是一只猪吗？非也！猪八戒是一个可爱的阿Q。阿Q去摸摸小尼姑的头，猪八戒在盘丝洞里也把几位裸体美人的衣服藏起来了。阿Q想发财，猪八戒也在它的耳朵里藏了些银子作"私房钱"。

个人的私见，我觉得吴承恩的猪八戒，实在比鲁迅的阿Q写得更好。猪八戒此阿Q更可爱、更有趣。

这儿问题就出来了。阿Q和猪八戒在历史上是否实有其人呢？答案当然是没有。根据胡适之先生作考证、写传记的原则，有一分证据只能讲一分话，有九分证据不能讲十分话。所以胡适之先生所写而考据十分严谨的《丁文江的传记》里，主题丁文江就实有其人。他传记中一切的故事，都有百分之百的真实性。所以《丁传》便是一本杰出的历史著作。

比他较先执笔的，鲁迅也写了一本《阿Q正传》。阿Q并无其人，阿Q的故事也是百分之百的虚构。如果在某小学的语文班上，有某位小学生答考卷说阿Q姓桂，是实有其人，那他的老师一定把他的考卷打零分——历史上哪有个真阿Q呢？

可是问题又出来了——历史真没有阿Q其人？历史上多的是呢！——至少在讲台上就站着个阿Q，那就是我自己。我就时时在做阿Q，或做具体而微的阿Q。

举一个我个人社会行为的切实例子。

侨居美国四十年，我前二十多年是在哥伦比亚大学度过的。在那第二十三四年时，我在哥大做个教中国文史的兼任副教授，并做个全任中文图书部主任。据校中当时的洋上司们和学生们的讲评，我的教书成绩和图书管理成绩，都还不错。但我那时职位和薪金都很低，仅够养活老婆孩子。我平时也奉公守法，绝没有账目不清或乱搞男女关系，更没有吃喝嫖赌；尤其不够资格纵横捭阖，搞污浊的"校园政治"。

想不到这样一个可怜巴巴、尽忠职守了十多年的中文图书馆小职员，校方的汉学大师们忽然一下便要把我"免职"了。我有个四口之家，孩子幼小，又毫无积蓄，一旦失业，六亲不认，只有坐以待毙——因为那时美国正闹经济恐慌，找事不易，好多博士都在开计程车。

老实说，哥伦比亚大学的汉学当局那时要把我"免职"，我本来没有什么抱怨的，因为我的汉学造诣原是不如他们嘛。但是有四口之家的人，业可失不得！我对哥大没功劳，也有点苦劳吧！何况那些汉学大师和我都有二十多年的交情，有的还误认为我是"高足"呢。到现在我们还是好朋友嘛。何以寡情若此！

在那绝境之下，我想不通这个洋人社会，何以没人性至此——那时我想到要跳摩天大楼，又嫌大楼太高；想到跳赫贞江，又嫌其有垃圾污染；想买手枪，又怕有私藏军火之嫌……气愤、绝望、自卑交织于怀，不知如何是好。谁知天无绝人之路，在一个失眠的午夜，我忽然"病关索长街遇石秀"地一下碰到了老朋友阿Q——阿Q的关怀，才又使我打起勇气活了下来。

那时哥大的洋汉学泰斗有好多位，一个个都是学富五车、名满中外的大汉学家，著作等身。偶尔应约光临台湾和大陆开汉学会议，昂视阔步，真是上下交钦。我这位小卒跟他们比起来，真是丘陵之与泰山也，被开除了，何怨何尤呢？

但是我要活命吃饭、养家活口，又如何是好呢？这一晚我听老友阿Q之言，听了一夜，终于想通了。我想："哼，汉学！上自文武周公仲尼，下至康梁胡适冯友兰……诗词歌赋、平上去入、经史子集、正草隶篆……上至殷商甲骨，下至大陆简体字……谈现代史论蒋宋孔陈、评马列毛刘……写朦胧诗、看现代画……如此这般……这批毛子哪个比得上俺阿Q呢？……他们开除我……哼，他们加在一起再搞十年，也比不了我阿Q一人……奶奶的，老子被儿子开除了。"

做了一夜阿Q，思想搞通，手之舞之、足之蹈之，不禁大乐——问题全部解决，与"赵老太爷"又和好如初。

朋友，你能说"阿Q"并无此人，只是小说家的虚构吗？这儿分明就有个大阿Q嘛！

那晚我也在苦索丁文江博士，却遍找不着。我那晚如找着了丁文江博士，而错过了阿Q先生，我就活不到天亮了。

我们这个荒唐而可爱的世界里，老朋友阿Q实在很多，精明的丁文江博士毕竟太少了，他的社会代表性也太小了。你能说只有"有一分证据，说一分话"的《丁文江的传记》才是历史、才是传记？那"没一分证据，却说十分话"的《阿Q正传》是虚构、是小说？历史上、社会上，并无阿Q其人？其实它的社会代表性，却远过于丁文江博士呢。

历史和小说的分别

所以历史和小说的分别则是：历史是根据实人实事所写的社会现象，小说则是根据实有的社会现象而创造出的虚人虚事，二者是一个铜元的两面。

再者，历史对"过去"的社会现象所作的"解释"，和对"未来"的现象所作的"推断"，在传统史学上往往是根据常识、根据传统伦理学或玄学——辩证法其实也是一种接近玄学的推理，而现代史学上所作的解释，则应该是根据各项社会科学所研究的成果，近人所谓"社会科学的处理"是也。

写小说与写历史，其实是殊途同归的。只是写历史时对叙事、对说教、对解释、对推断，都是单刀直入的。必要时且来个"太史公曰""习凿齿曰""臣光曰""柏杨曰"等所谓"赞论"。写小说则只让故事自己说话，把说教、解释和推断，作一些隐喻式的"艺术处理"——并不违反社会科学的"艺术处理"罢了，而小说则有其大众化的影响，读历史就多少是专家之事了。

司马迁在写历史，还是在写小说？

其实笔者上述的一些话，都是"小说"被译成Novel以后的话，多少有点"现时观念"（以现代观念解释古典）之嫌。

国人著书立说，写寓言说教辩论，早在孔子之前，而真正写有现代意味的小说实始于西汉之末（鲁迅还否定此说呢！），班固所谓"街谈巷说"是也。其实太史公写《史记》也多半是根据"街谈巷说"的。按照胡适之先生的标准，《史记》哪能算"历史"呢？充其量算是一部历史小说而已。不信，且试举吕不韦的故事为例。

吕不韦的故事，大体是这样的：

吕不韦是赵国的一个大资本家。有了钱就想搞政治。他在赵国都城邯郸结识了一个秦国的失意王子子楚，子楚在赵国做"人质"，穷困不堪，又没有老婆。不韦认为子楚是个"奇货可居"，乃运用子楚的政治背景和他吕家的钱财，搞一手资本官僚主义。

吕不韦要政治的手腕相当下流——他把他自己一个怀了孕的姨太太送给这个可怜的秦王子做老婆。这位可怜的王子当然求之不得，乃娶了吕不韦的姨太太，并且生了个儿子。这个儿子就是后来的秦始皇，所以秦始皇实在是吕不韦的儿子。这样吕不韦的政治资本就大了。

既然有了这样的政治资本，吕不韦乃潜入秦国，花大钱、拉裙带关系，大走宫廷后门，居然把失意不堪的秦王子子楚，搞回秦国当起太子来——真是有钱能使鬼推磨！

子楚当了太子不久，父亲就死了，他就即位为王，是为秦庄襄王。庄襄王为感激吕不韦的恩德，就特派吕不韦做秦国的"丞相"。这一下，吕不韦可真的抖起来了。更巧是这位庄襄王也是个短命鬼，做了三年秦王就死了。庄襄王一死吕不韦就更是一步登天了——因为继位做小皇帝的正是他亲生的儿子，小皇帝的妈妈老太后又是他以前的姨太太。一手遮天，吕不韦不但当起当时七雄对峙中最强的秦国的"相国"，并在宫廷中被尊称为"仲父"——仲父就是皇叔，这皇叔事实上是皇帝的爸爸。

这时皇太后新寡，独居寡欢，乃和老情人、也是前夫的吕皇叔重拾旧好，时时"私通"。所幸儿皇帝年纪尚小，也管不着叔叔和妈妈私通的闲事。

可是这个年轻的小皇帝、将来的秦始皇可不是个省油灯。他年纪渐长，开始抓权时，认为他底下的宰相居然和他妈妈太后私通，也太不像话，他一注意到这件事，吕不韦就有点恐慌了。

吕相国于半夜接到太后的传召，既不敢不去，去多了，伤了皇上面子，又怕被杀头——那如何是好呢？最后这位下流惯了的下流宰相，乃想找个替身。

吕不韦这一着十分下流。下流到什么程度呢？且听我们东方三千年来，最伟大的史学家太史公司马迁对他的叙述。司马迁写的是"文言文"，我本想把它翻译成"白话文"，可是我现在不能翻。不能翻译的理由有两点：第一，在这样一个群贤毕至、仕女如云的庄严场合，我实在不好意思用白话文来说这故事。第二则是不敢"班门弄斧"。有柏杨先生这样高明的文言翻白话的专家——全中国第一位的专家在场，我来翻译，绝对不会有柏老翻的那样生动逼真。我现在只把《史记》的原文念一遍，以后还是劳动柏老御驾亲征来翻译一下吧。

《史记》上的原文，是这样的：

> 始皇帝益壮，太后淫不止。吕不韦恐觉，祸及己，乃私求大阴人嫪毐以为舍人。时纵倡乐，使嫪毐以其阴关桐轮而行，令太后闻

之，以啖太后。太后闻，果欲私得之。吕不韦乃进嫪毐，诈令人以腐罪告之。不韦又阴谓太后曰：“可事诈腐，则得给事中。”太后乃阴厚赐主腐者吏，诈论之，拔其须眉为宦者，遂得侍太后。太后私与通，绝爱之。有身，太后恐人知之，诈卜当避时，徙宫居雍。嫪毐常从，赏赐甚厚，事皆决于嫪毐。嫪毐家僮数千人，诸客求宦为嫪毐舍人千余人。（见《史记》卷八十五《吕不韦列传》）

这一段文言文我虽不长于翻译，倒不妨讲点大意，以阐述吕不韦这位Prime Minister是如何的下流。

司马迁说，当秦始皇这位小皇帝逐渐长大的时候，他妈妈的私生活却愈来愈糟。吕不韦怕他和太后私通会闹出纰漏来，他乃找出个替身，这替身叫“大阴人嫪毐”，并叫嫪毐做些纽约时代广场式的色情表演，并把这表演精彩的内容，透露给太后。太后果然想要嫪毐做男朋友。吕不韦便自己逃避了太后，不必再去打应召了。同时把嫪毐伪装成太监去侍候太后。太后私下与他发生了关系之后，喜欢他喜欢得不得了。以后还和嫪毐生了两个儿子。后来嫪毐恃宠而骄，把大秦帝国闹了个天翻地覆。

司马迁写了这一大段活灵活现的故事，甚至说“使毐以其阴关桐轮而行”等一些《金瓶梅》上都写不出的话，这位太史公是在写历史呢，还是在写小说呢？司马公这种写法，我们在《史记》上至少可找到数十条。条条可能都是道听途说之言，而太史公却以最生动的小说笔调，把它们写入最庄严的历史——位居《二十五史》之首的历史。无论怎样，任何人也不能说《史记》不是一部好历史啊！

所以在中国古代，文史固然不分，历史和小说也不太分得出来。小说和历史分家是司马迁以后的事。

大人物大事件和小人物小事件

所以历史和小说在二十世纪的今日是应该分开来写的。

大事件、大人物就应该用"历史"来写，小人物、小事件，甚或大人物小事件，就应该用"小说笔调"来写。

我个人就用英文写了一本一千多页的《民国史》，写的全是大人物（这部稿子因部头太大，迄未付样）。我写过抗战期间，一小时死伤千人以上的惨烈的"上海之战"；我也曾写过"以白骨铺成"的印缅大撤退。但是我笔下的英雄却都是一批在后方指挥，毫发未损的大将军、大司令。至于浴血于前方、四肢不全、呻吟惨号、血流如注的士兵小卒则只字未提。再拜读拜读其他高手的著作也只字未提——一将功成万骨枯，我们史学执笔者，对这千万个卫国英灵，良心上有没有交代呢？我们都是抗战过来人，耳闻目睹，想为后世子孙交代一下，又如何交代起呢？这一点我想只能利用"像小说而非小说，像历史而非历史"的这一种写作模式了。

再举个例子：

我是胡适之先生的学生。目睹胡适当年那一群（尤其是最幸运的第一、二届的"庚款留学生"）所谓有新思想的新学人，哪一个不在家乡丢掉个"小脚太太"，而在都市另结新欢呢？其中只有一个例外便是圣人胡适。胡适娶了个"小脚太太"，大家为他锦上添花，歌颂了数十年，可是那千百个"斜倚薰笼坐到明"的庚款留学生的"小脚弃妇"，又有谁替她们申过一句冤呢？她们吞金、她们投环、她们跳井，那一批满口新名词的自私男人，正是这批可怜无告的弱女子最后一批西装革履的屠夫和刽子手。

就以鲁迅来说吧！鲁迅骂人的尖刻是世无伦比的。他为什么就不能以他骂人的尖刻笔调来骂骂混账的自己呢？他说他在乡下的弃妇是"旧式婚姻"，与他没爱情，所以要丢掉。但是他口口声声却是要济弱扶贫、拯救被压迫阶级的苦难男女——他为什么就不能在他自己家中，先拯救拯救这一个无辜的女人呢？

鲁迅骂尽了敝老师胡适。就凭这一点，我这个胡适的学生就要说："啐！周树人，你不配！"

这些只是笔者这一辈在诸种不同的社会中所亲见亲闻，而应该记录下来的社会现象。

历史哪里写得了那许多？就写写小说了。

虽不能至心向往之。请听众贤达、读者贤达，多加指教吧！

原载《传记文学》第五十三卷第一期

《陈洁如回忆录》是口述原始史料

绍唐兄：

最近有位朋友剪寄了一篇由胡元福、王舜祁两位联合执笔的文章。总的题目叫《〈回忆录〉外的查访》，在香港《大公报》连载。胡、王两先生显然是十分细心的历史工作者。他二人根据在《陈洁如回忆录》之外，所查访到的第一手史料，尤其是蒋公当年遗留在大陆上的《蒋介石日记》，相互核校之下，断定台北出版的《陈洁如回忆录》为"伪作"。

胡、王两先生的文章我还未收全，但是纵使只根据手头的残篇，我已有足够的理由来说几句话了。大体说来，胡、王二君所持的理由是，以陈洁如的故事与原始史料互校，可说是牛头不对马嘴。这一点，胡、王两君认为是个大发现，因此就下了个大结论："伪作"。其实这个结论下得太早了。

胡、王两君所用的史学方法，显然是胡适之先生提倡了一辈子的"治学方法"，所谓"有一分证据说一分话"是也。但是他二人未下到胡老师的功夫。胡适为戴震的《水经注》翻案，前后翻了十六年，还没有翻完。胡、王两君前后只用了几个星期，便要"翻"民国史上如此重要的一件大"案"，就稍嫌草率了。

须知陈洁如是蒋介石出山时代，"风雨同舟"的枕边人。他二人在一张床上睡觉至七年之久，连周恩来都叫她"师母"。这是一件铁的事实，这是中国近代史上无人可以否认的一片伟大的原始森林。若说在这片大森林里砍倒几棵大树，就可以否定森林的存在，那就是西人所谓"只见树木，不见森林"了。

还有一点我想说的便是，胡、王二位都似乎是很正统的考据历史家，缺乏搞现时代口述历史的经验。老实说我个人如把当年我和李宗仁、顾维钧、钮永建、吴开先诸先生的口述记录原稿，不加考订改写，让胡、王二位看了，一定也会认为那是"伪作"。

人类的记忆力是最会编造故事来欺骗自己的。记得我有一次和九十多岁的钮永建先生谈"清党"的问题。好久听不出要领来。原来他老人家在记忆里把国民党的"分共"（一九二七）和同盟会中的孙、章（太炎）"内讧（一九〇七）弄混杂了。我的岳丈吴开先先生写了十多万字的回忆录，要我校订。我细读之，他老人家在记忆里却把他所亲身参与的"五卅运动"（一九二五），和"五四运动"（一九一九）弄混淆了。还有他把日本人释放他的日期，也弄错了六个月。这是他女儿告诉我的，因为他们那时是生活在一起的。

至于李宗仁将军在他记忆里弄错了几百条，那就更不在话下了。他是一言九鼎的四星上将，我能改正他？不改正被后世史家像上述胡、王二位看了，岂不也要认为是"伪作"？我改正他老人家，往往是从说服我的厨师郭德洁夫人开始呢。

顾维钧先生应该不是问题人物了。他老人家是打破哥大两百年校史的高材生博士。后来又是国务总理、外交总长、大使、国际法庭的大法官，办案累累。可是你却想不到，他的记忆力在他那不寻常的脑袋里，却编造出很多有头有尾的故事来欺骗他自己，甚或伤害他自己。这种记忆中偏差和编造的现象（大致与做梦差不多）在现代心理学上是有其理论的；也不是我辈对心理学无常识的人，所可想象的。可是顾维钧却与上述诸人不同。他保存有近四十箱的私档，和四十年的英文日记（顾说他有中英文日记，我还未看过他的中文日记呢）。因此他有时说错了，我就"以子之矛，攻子之盾"，把他自己的文件拿给他来个"三曹对案"（三曹者，顾、顾档与在下也）。在此情况下，顾大法官也只好败诉服输。

搞口述历史好辛苦呢！如今《顾维钧回忆录》（汉译本）在大陆上已出了十一册。当年如没有不才这"无名"小卒，发傻数年，摸清了他的底子，如今要碰上胡元福、王舜祁两位考据家，不又是"伪作"了？！

陈洁如这位宁波老太太，这位民国史上最不幸的"白头宫女"，哪能同上述这批党国要人比呢？老实说，她的回忆录如被历史家如胡、王二位看中了，看得击节称赏，我反而要怀疑了。陈洁如这位搓搓麻将的街坊妇女，哪能写得出胡、王二君都能赞叹的作品呢？她的回忆录如写得使胡、王二君都大为倾倒，那一定不是她自己的手笔！那是经过一些考据家、历史家、文学作家、北京大学、哈佛大学……教授，涂脂抹粉，动过手脚的，且看溥仪的《我的前半生》。手脚动得不好，往往遍体鳞伤，面目全非，令人作呕。

笔者早年曾在西方某大公园，看到一尊套满花圈的"雪莱石像"。一时雅兴大发，口占新诗一绝，说："它原是块石头，生在深山大壑。笨得可笑，真得可爱。无端地被搬到城里来。乱加雕凿，便被游客，当作了诗人……到头来它只是一块受了伤的石头，呆呆地站在路旁，凝视着过往行人。"

老实说，我同胡、王二君之别，便是他二人所欣赏的可能是一座套满花圈的艺术精品的"雪莱石像"，我所欣赏的则是那个"真得可爱笨得可笑"的，没有受过雕凿的原始石块。

历史家对付一桩原始史料，正如大台风过境后现场救灾的工作人员。他们在一堆废墟中所拣到的，哪些是值得保存复原的可用之材，哪些是应该报废的废料，这就要看治史者本人的史学修养了。你把敝帚当千金，固然是错，你把黄金当废铜，也不应该。

在《陈洁如回忆录》之前，我曾读过很多本民国名媛的自述如黄蕙兰、郑念、杨步伟、蒋碧薇……而我觉得最可爱，也最可惜（未能发表便被销毁）的一本，则是胡适夫人江冬秀所撰的自传。胡伯母不是个作家，她的草稿也写得别字连篇。但那是一卷最值得珍惜，而韵味无穷的原始史料，不是一般"受了伤的石头"可以相比的。当她老人家把那卷草稿交给我，并嘱我不要复制。我听话了。殊不知我的诚实却为中国近代文献制造出一个极大的遗憾。

因此我对于陈稿也同样地感觉到很大的心理矛盾。当年的陈稿如不被赖琏拦路打劫而交到我手里，我如根据可靠的史料对它"乱加雕凿"，成为信史，它是否能如今稿的"真得可爱，笨得可笑"，我未敢必也。思之脸红。

胡、王两君自信所采的第一手史料都是真实的。这一点我也要引我老师的话劝劝他二位："有疑处固然要疑，不疑处更应该有疑才好。"绍唐兄以为然否？

德刚

一九九二年九月九日于北美洲

图书在版编目（CIP）数据

书缘与人缘/（美）唐德刚著. —北京：中国文史
出版社，2019.12

ISBN 978-7-5205-1289-3

Ⅰ. ①书… Ⅱ. ①唐… Ⅲ. ①文史—中国—现代—文
集 Ⅳ. ①C52

中国版本图书馆CIP数据核字（2019）第217585号

责任编辑：秦千里

出　　版：中国文史出版社

社　　址：北京市海淀区西八里庄路 69 号院　　邮编：100142

电　　话：010-81136606　81136602　81136603（发行部）

传　　真：010-81136655

印　　装：北京中科印刷有限公司

经　　销：全国新华书店

开　　本：889 毫米 ×1194 毫米　　1/16

印　　张：12

字　　数：175 千字

版　　次：2019 年 12 月北京第 1 版

印　　次：2019 年 12 月第 1 次印刷

定　　价：48.00 元